高等教材

赵子建
总主编 林克明

TIYU XINLIXUE

TIYU XINLIXUE

体育心理学

主　编　李　欣
副主编　邱　芬　吴　敏
　　　　史文文　李　改

重庆大学出版社

内容提要

本书共计15个任务,涵盖了体育学习中的学生心理、教师心理、体育学习心理、团队心理、心理技能训练、社会心理等内容,既较全面地反映了体育心理学学科领域的全貌,教材内容与时俱进,又反映了学科发展和推广的现状,并充分考虑了学生学习的实际需要与接受能力,体现了创新性、可读性与实用性的特点。

本书既可作为本科体育专业的教材,也可作为本科其他专业或研究生的选修课教材,同时可以作为体育教师、教练员及体育爱好者的学习参考用书。

图书在版编目(CIP)数据

体育心理学 / 李欣主编. -- 重庆:重庆大学出版社,2018.6(2024.7重印)
高等学校体育学类本科专业系列教材
ISBN 978-7-5689-1085-9

Ⅰ.①体… Ⅱ.①李… Ⅲ.①体育心理学—高等学校—教材 Ⅳ.①G804.8

中国版本图书馆CIP数据核字(2018)第096888号

体育心理学

主 编:李 欣
策划编辑:唐启秀

责任编辑:陈 力 赵 贞 版式设计:唐启秀
责任校对:王 倩 责任印制:张 策

＊

重庆大学出版社出版发行
出版人:陈晓阳
社址:重庆市沙坪坝区大学城西路21号
邮编:401331
电话:(023)88617190 88617185(中小学)
传真:(023)88617186 88617166
网址:http://www.cqup.com.cn
邮箱:fxk@cqup.com.cn(营销中心)
全国新华书店经销
重庆升光电力印务有限公司印刷

＊

开本:787mm×1092mm 1/16 印张:12.5 字数:282千
2018年6月第1版 2024年7月第3次印刷
ISBN 978-7-5689-1085-9 定价:35.00元

高等学校体育学类
本科专业系列教材编委会

高等学校体育学类
本科专业系列教材审稿委员会

总　序

　　2016 年 8 月通过的《健康中国 2030 规划纲要》体现了党和政府对人民群众健康权益和促进人全面发展的高度重视，反映了我国由体育大国向体育强国迈进的国家意志。"十三五"期间，全面建成小康社会为体育发展开辟了新空间，经济发展新常态和供给侧结构性改革也对体育发展提出了新要求，建设健康中国更是为体育发展提供了新机遇。然而，当前我国体育人才发展水平同体育事业的发展需求仍有差距，存在着体育人才总量相对不足、体育人才培养质量不高、各类体育人才发展不均衡、高层次创新型人才短缺等现象，还不能满足体育强国建设的需求，难以发挥体育人才在体育事业发展、体育强国建设中的基础性、战略性、决定性的作用。特别是在体育专业人才培养质量方面，受招生规模不断扩大、生源质量参差不齐等诸多因素的影响，培养质量并未达到预期的目标。究其体育教学本质原因，学校体育教学目标、教师、学生、内容、方法、过程、环境、评价等都难以免责，但是，作为教学内容的载体——教材质量的好坏无疑决定着人才培养质量的水平。尽管体育学科教育改革在不断深化推进，但教学内容方面的创新改革力度仍显不足。目前，体育学类本科专业的教材内容仍以传授知识为中心，教材编写一直存在高度抽象化、纯粹理论化、逻辑不清晰、结构混乱、叙述晦涩、实例奇缺的问题，充斥着抄袭来的公式和陈词滥调。国际上最新的研究成果和理论较少能在教材中得到更新，缺乏内容丰富、结构合理、描述生动并有大量生动实例的教材。整体上，体育学类本科专业教材存在建设滞后、缺乏个性化、内容更新周期缓慢、编写水平不高和装印质量低下等问题。其导致的结果就是出现教师"教不会""教不清"和学生"学不会""用不上"的窘况，教学质量难以保证，提高教学质量更无从谈起。因此，如何紧跟经济社会的发展变化，编写出能反映体育学科专业的最新研究成果，更好地适应教法更新和学法创新，激发现代大学生的学习兴趣，在教材内容、逻辑结构和形式编排等不断彰显优秀经验传承与创新的教材将是编写者亟待关注的核心问题，也是提高教材编写水平和教学质量的重要保证。

　　"高等学校体育学类本科专业系列教材"是依据"健康第一"的教育理念和《高等学校体育学类本科专业类教学质量国家标准》（修订稿）（以下简称《标准》）规定的专业课程体系要求，由编委会组织多位资深任课教师尤其是优势和特色专业学科带头人、知名学者、教授，在具备深厚学术研究背景、长期教学实践和教材编撰研究经验的基础上，编写出的体现体育学科研究成果的高质量系列教材。按照《标准》规定的专业必修课程要求，编写了专业类基础课程（体育学类本科专业均需开设的课程），包括《体育概论》《运动解剖学》《体育心理学》《运动生理学》《体育社会学》《健康教育学》《体育科学研究方法》7

门专业类基础课程。并按照专业方向课程开设采用"3+X"的模式要求，编写了《学校体育学》《运动训练学》《体育竞赛学》《体育市场营销学》《中国武术导论》等专业方向课程以及《运动生物化学》《运动生物力学》《体育管理学》《乒乓球》《排球》《武术》《体操》《篮球》《健美操》《羽毛球》等模块选修课程。该系列教材既可以作为体育学类本科专业学生的教材使用，也可以作为各级各类体育教师和教练员的参考用书。

本系列教材的特色有以下几点：

一是力求体育学科理论知识阐述和论证恰到好处，避免机械地叠加理论或过度地引用、借用观点。力争避免高度抽象化和纯理论化，使教学内容丰富，更加贴近现代体育专业本科生的学习兴趣需求，体现新课程体系下的新的课程内容，注重提高学生的实践能力，培养学生的创新能力。

二是立足于理论联系实际的观点，突出学以致用的目标。在编写体例上强化了篇、章、节之间的逻辑关系的清晰和结构的合理，在案例、材料的选择上更加突出新意。根据知识的脉络和授课的逻辑，设计了思考、讨论或动手探索、操作的环节，提升书稿的互动性。同时，根据篇幅及教学情况，以知识拓展、阅读和实践引导、趣味阅读等形式，适当增加拓展性知识，力争使教师"教得会""教得清"，学生"学得懂""用得上"。

三是力求做到简洁、明晰。在大纲设计、内容取舍上，坚持逻辑清晰、行文简洁，注意填补新兴学科、交叉学科等学科教材的空白以及相关教材体系的配套，避免大而全、面面俱到的写作，力图使教材具有基础性、实用性、可读性以及可教性，最大限度地避免言不切实、空泛议论的素材堆积。

本系列教材编委均是各个专业研究领域的专家，大都具有博士学位，对各自的研究领域非常熟悉，他们所撰写的内容均是各自潜心研究的成果，有很深的研究与很高的学术造诣。如何编写好体育学类本科专业系列教材，全体编写人员在科学性、实用性、可读性、针对性和先进性方面做了初步的尝试。但由于编写时间仓促，交流和讨论实践不够，不足之处在所难免，欢迎读者不吝赐教与批评指正，修订时将作进一步充实与完善。

虽然编委会按照《标准》的要求，有规划地对系列教材进行组织、开发和编写，但由于对教材质量和水平的高规格要求，一部分重要的课程并未被列入此次教材编写的名目，编委会将在后续编写中逐步增补。

本系列教材的编写，得到了重庆大学出版社领导的大力支持与帮助。同时，全国高等学校体育教学指导委员会技术学科组副组长王崇喜教授，全国高等学校体育教学指导委员会、河南省高校体协主席林克明教授等专家也给予了许多的鼓励、建议与指导，编写时大量参考了诸多专家、学者的前沿研究成果，在此一并表示衷心的感谢！

高等学校体育学类本科专业系列教材编委会

2016 年 10 月

前　言

体育心理学作为心理学的主要分支，是研究师生在体育活动（包括体育教学、课外运动训练、课外体育比赛、课余体育锻炼等）中的心理现象与规律的科学。作为高等学校体育学类本科专业核心课程之一，其所具有的教育功能和应用价值受到了广泛关注，对有关体育心理学知识的传授已成为国内外体育人才培养的重要内容。

随着国内外针对体育心理学研究的迅速发展，体育心理学在教学和人才培养等诸多环节都面临着新的挑战，对体育心理学这门课程的教学内容与教学手段的更新和完善也提出了新的要求。本教材在分析国内现有《体育心理学》教材的基础上，在保留了现有教材所涉及知识架构的基础上，从传统教材编写的"知识体系导向"转变为"任务导向"。同时，为体现"体育教育"的特色，本教材重点介绍了与教师和学生有关的心理学内容，减少了与"竞技运动"心理有关的内容；重点突出了对核心概念与经典理论的阐述，并以实例加以分析，回避了知识点过多、分散等问题；在编写过程中，增补了近几年国内外相关专家、学者的主要研究成果和实践过程中的成功案例等。

本教材共15个任务，由郑州大学的李欣博士担任主编，武汉理工大学的邱芬博士、大连海洋大学的吴敏博士、湖北大学的史文文博士和华中师范大学的李改博士担任副主编。不同任务单元具体分工如下：任务一，李欣，郑州大学；任务二，邱芬，武汉理工大学；任务三，陈勃源，河南科技大学；任务四，吴红豫，重庆第二师范学院；任务五，刘炼，湖州师范学院；任务六，史文文，湖北大学；任务七，刘智慧，郑州大学；任务八，陈勃源，河南科技大学；任务九，李改，华中师范大学；任务十，刘智慧，郑州大学；任务十一，张鸿雁，解放军八一军体大队；任务十二，李改，华中师范大学；任务十三，邱芬，武汉理工大学；任务十四，李欣，郑州大学；任务十五，吴敏，大连海洋大学。郑州大学的吴铭同学对各任务单元进行了统校工作。

感谢重庆大学出版社在教材设计和出版过程中给予的支持和帮助，感谢华中师范大学体育学院的王斌教授、华东师范大学体育与健康学院的杨剑教授和华中师范大学心理学院的唐汉瑛博士在教材编写与修订过程中给予的指导。另外，研究生吴铭、葛晶晶、鲁心灵、杜若飞和杨木春等同学在文献搜集等过程中做了大量的工作，在此一并表示感谢。

本教材在编写过程中，受编写人员专业知识水平和客观条件所限，在体例设计、内容选取和文字表达等方面仍存在不足和错误之处，恳请读者谅解并给予斧正。

编　者
2017 年 11 月
于郑州大学松园

目　录

任务一

认识体育心理学

任务二

了解学生的个性

任务三

提高学生体育学习的兴趣

任务四

端正学生体育学习的态度

任务五

增强学生体育学习的动机

任务六

发现学生体育学习中的能力差异

任务七

学会在体育运动中进行目标设置

任务十二

运用心理学知识促进学校体育团队发展

任务十三

提高体育教师的心理健康水平

任务十四

提高体育教师的胜任特征水平

任务十五

学会使用心理学知识来减少运动损伤

参考文献

任务一
认识体育心理学

【学习目标】

　　1.了解体育心理学的概念。

　　2.理解体育心理学的学科性质。

　　3.认识体育心理的意义及在学校体育中的作用。

　　4.掌握体育心理学的研究方法。

【关键词】

　　体育心理学　　调查法　　实验法

【导入案例】

跳过内心的"杆"

—— 某体育老师的教学日志

　　在体育运动情境中,心理现象无处不在,既伴随着人的身体活动而发生,又影响着人的身体活动。

　　张晓静是一个身高 1.65 米的女同学,在跳高课上,我连续几次都发现她逃避练习。轮到她练习时,她不是悄悄地转过身去,就是空跑一趟或是把杆抓下来。经了解,原来她在上小学的时候跳高摔伤过,所以一见杆就怕,真应了那句"一朝被蛇咬,十年怕井绳"的古话。于是我就和她说:"小时候跳高受过伤,现在害怕是正常现象,但我们必须要克服这个毛病;如果不克服任其发展,很可能发展成'恐(跳)高症',会对你将来的生活带来很多不便。"张晓静同学也很想克服,但她却一直没有信心,自己为此也很苦恼。我看着她说:"只要对自己有信心,就没有克服不了的困难,我们现在跳的高度是 80 厘米,但是只要大家一迈腿,就能越过近 70 厘米的高度,即便是身体素质较弱的同学平地跳起也有 20 厘米,你的腿长 80 多厘米,加上起跳的高度,110 厘米是很轻松的,所以说 80 厘米的高度对你来说根本不成问题,你可以试一下。"同学们也在鼓励她,但她还是不敢尝试。为此,我又找了一名同学让其越过横杆,证明这样做不会受伤,进而消除她的胆怯心理。最终,在同学们的热情鼓励下,张晓静成功跨越了 110 厘米的高度。同学们高兴地为她鼓掌,她本人也激动地流下了眼泪。

　　改自:季浏,殷恒婵,颜军.体育心理学 [M].北京:高等教育出版社,2010.

在本案例中教师不但给体育基础较差的学生创造了获得成功的机会,而且通过分析困难、积极鼓励的手段,提高了学生的勇气和信心。更难能可贵的是教师在课堂上营造了一种融洽轻松的教学氛围,师生之间互相尊重,同学之间互相帮助、鼓励,终于使张晓静同学体验到了成功的喜悦,提高了自信心。而类似于案例中出现的心理问题可能在教师教学、教练训练、健身指导的过程中出现,体育心理学将帮助你排忧解难,解决实际问题,提高教学、训练或健身指导的水平。体育心理学也是高校体育专业的一门必修课程,可以给体育工作者提供重要的帮助。

本章将带你了解体育心理学的基本定义,学习体育心理学的意义以及掌握体育心理学的研究方法。

单元一 学习体育心理学的基本理论

第一步 了解体育心理学的概念

体育心理学是研究师生在体育活动(包括体育教学、课外运动训练、课外体育比赛、课余体育锻炼等)中的心理现象与规律的科学。

【知识拓展】

体育心理学与运动心理学、锻炼心理学的关系

心理学在体育教育、竞技运动和大众健身三大体育运动领域中的研究应用,分别衍生了体育心理学、运动心理学和锻炼心理学3个分支学科。3门学科分别对应不同的研究领域,因此其各自研究的目标、对象和侧重点不尽相同,但源于体育教学、竞技运动和大众健身之间的相互关系,3门学科在研究对象、研究内容和研究方法上又存在联系。

具体来说,3门学科研究的共同点在于:①研究对象都是参与身体练习活动的人。②研究内容都涉及从事身体练习活动中人的心理现象。③研究方法基本相同。3门学科研究的不同点在于:①研究的具体对象不同。尽管研究的都是人在从事身体活动条件下的心理现象,但是体育心理学涉及的是体育教学中人的心理现象的研究,如教师和学生;运动心理学侧重于以运动员为主体的竞技运动参与者的心理现象,如教练和运动员;而锻炼心理学主要的研究对象是大众。②研究的主要目的不同。体育心理学主要的研究目的是提高体育教学的效果,促进学生的健康

成长，从而促进学生素质的全面发展；运动心理学以培养运动员的专项运动技能、追求高水平的竞技运动能力和瞩目的比赛成绩为目标；锻炼心理学研究的多是体育锻炼的前因以及所产生的心理效应。③研究的侧重点不同。体育心理学的重点是研究体育教学中的心理现象；运动心理学则侧重研究竞技运动训练和比赛中的心理现象和规律；锻炼心理学侧重研究体育锻炼与锻炼者心理健康的交互作用。

改自：张力为，任未多.体育运动心理学研究进展[M].北京：高等教育出版社，2000.

第二步　理解体育心理学的学科性质

体育心理学既是一门由多学科交叉而成的理论学科，又是一门从心理学中独立出来的应用性学科。

一、体育心理学是一门交叉学科

体育心理学研究的是体育教学情境中的心理现象和规律，因此其隶属于心理学、教育学和体育学的范畴。随着体育心理学的发展，其自身也在不断地充实和完善，虽然来源于心理学、体育学和教育学，但是由于其自身学科的独特性，也将超越这些领域而被进一步探索。

二、体育心理学是一门独立学科

体育心理学是从普通心理学和教育心理学发展出来的，是把普通心理学和教育心理学所阐明的原理或规律应用于体育方面，对体育教学情境中的心理现象进行解释的科学。因此，体育心理学在其发展的过程中，逐渐获得了独立性，并非只是普通心理学的一种简单应用。

三、体育心理学是一门应用性学科

体育心理学是随着体育科学与心理科学的发展而产生的一门应用性学科，它主要研究体育活动领域中的各种心理学现象，是一门实践性很强的科学。作为一门独立的学科，体育心理学拥有自己独特的理论与方法，并不断地与母学科联系，接受它们的影响。

第三步　认识体育心理学的研究对象及主要研究领域

一、体育心理学的研究对象

体育心理学作为心理学的分支，成为一门独立的学科，有其独特的研究对象，就是师生在体育教育中的心理及行为，即体育教育与师生的心理活动之间的关系，包括学校体育教学、课余训练、比赛和锻炼中学生的心理过程和个性心理特征等。

二、体育心理学的主要研究领域

师生在参与学校体育教学、课余训练、学校竞赛、课外锻炼等不同体育活动时,其心理现象与规律存在异同。按照体育活动的分类,体育心理学的主要研究领域可以大致分为以下几类(见表1-1)。

表1-1 体育心理学主要研究领域

主要研究领域	研究内容
体育教学心理	体育学习动力(体育学习动机、兴趣、归因)、学生个性差异、体育教师心理、教学模式的心理效益等
课外运动训练和比赛心理	运动技能的学习心理、心理技能训练、体育比赛心理等
课余体育锻炼心理	体育活动对学生心理健康的影响、学生的心理教育和辅导以及体育教师的心理健康等
体育管理心理	体育团队建设心理、体育课中学生的领导力以及体育教师的胜任力等

单元二 了解体育心理学的意义及作用

第一步 认识体育心理学的意义

对于一名体育教育者而言,学习和掌握体育心理学的理论和方法不但可以完善自己的知识结构,提高自己的专业素养,而且更重要的是在体育实践工作中,对提高自己的工作效果具有重要作用。

第二步 学习体育心理学在体育实践工作中的作用

在学校体育教学、课外运动训练、学校体育比赛、课余体育锻炼的过程中,体育心理学扮演着重要的角色,它对体育教学质量、运动训练效果、竞技能力发挥、体育锻炼效应等都有着积极的作用。

一、体育心理学在学校体育教学中的作用

(一)有助于提高体育教学的质量

体育教师只有了解不同年龄阶段学生的心理特征和需要,把握和尊重同一年龄段学生的个性差异,才能保证所选择的教学内容的适宜性和教学方法的有效性,从而激发学生的学习兴趣,提高学生学习的积极性,最终提高体育教学的质量。

(二)有助于增强学生心理健康与社会适应能力

体育教师采取适当的教学组织形式来促进学生的心理健康,培养学生的社会适应能力,挖掘体育的心理教育功能。教师根据学生的个性特点,采用异质分组,培养学生组内合作、组间竞争意识,增强学生的人际交往能力。体育教师可以通过轮流安排小组长,培养学生的领导能力;通过游戏(如定向运动、追逐跑等),使枯燥的中长跑项目变得有趣,在游戏的情感体验中,培养学生顽强的意志品质等。

二、体育心理学在课外运动训练中的作用

学生在平时的训练和比赛中也涉及各种各样的问题,如何通过心理学的手段和方法提高训练水平;怎样通过心理学的手段和方法使运动员处于最佳比赛状态,获得优异的比赛成绩;如何通过心理学的手段和方法消除疲劳,调节情绪,恢复良好的身心状态,都需要运用心理学的理论和方法来解决。

(一)有助于课外运动训练选材的科学化

竞技能力是运动员参加训练和比赛所需要的本领,包括体能、技能、心理能力和运动智能等。其中,心理能力包括一般心理素质和专项心理素质两个方面。一般心理素质的常见指标有感受的敏锐性、反应的速度和准确性、动作的协调性等。专项心理素质常用"球感""水感"等反映各个运动项目特征的心理能力。体育教师掌握基本的心理素质量表的测试方法和程序,有利于更准确地判断学生运动潜力的水平。同时,体育教师掌握各类项目所要求的心理特征,还有利于帮助学生选择合适的运动项目。

(二)有助于对学生进行心理训练和调节

如果忽视体育心理学中有关心理技能训练的理论和方法,可能使学生在训练过程中感到枯燥无味,进而出现消极怠训等问题。因此,体育教师在训练的过程中要根据学生的行为表现,采用合适的训练手段,因材施教,区别对待,使运动训练达到理想的效果。此外,教师可以采用暗示和鼓励的方式,帮助低自尊的学生树立和增强自信,通过归因训练引导学生进行合理、正确的归因。

(三)有助于预防运动损伤与消除心理障碍

运动损伤是运动员训练过程中经常出现的问题。刚接触专业训练的学生,在训练过程中更容易受伤。一些实践研究表明,心理因素是引起运动损伤的重要原因之一。基于此,体育教师

需掌握一些预防和处理运动损伤的体育心理学理论与方法,如认知教育、归因强化训练等,帮助学生在运动训练过程中预防并避免因心理因素引发的运动损伤,消除心理障碍,从而促进学生的个性心理和体育运动的健康发展。

三、体育心理学在学校体育比赛中的作用

(一)有助于学生达到最佳竞技状态

体育比赛比拼的不只是运动员体能的强弱、专业技术的高低,更是心理素质稳定与否的较量。从心理学角度讲,赛场上最强大的"敌人",不是对手,而是自己。最佳竞技状态是指运动员将竞技能力发挥到最好的一种表现方式,它与运动员的心理状态密切相关。体育教师在指导学生参加体育比赛的过程中,需通过各种心理学的手段和方法调节学生的心理状态,使之接近或达到最佳竞技状态完成比赛。

(二)有助于提高学生对竞赛环境的心理适应能力

体育比赛中存在很多不可预知的情况发生,然而这些突发状况会对队员的心理产生一定的影响,导致运动员不能将最好的水平发挥出来。基于此,体育教师或教练员可运用体育心理学知识帮助队员应对比赛中的突发事故,及时调整队员的心理状态。例如,组织各种友好邀请赛使运动员尽可能多地适应比赛环境和场面,积累比赛经验;正式比赛前,让队员亲临赛场,感受赛场环境,对可能发生的情况进行预测,做好预案。

(三)有助于避免学生在比赛中出现各种心理障碍

教练员或体育教师应掌握影响学生参与体育比赛的心理因素对学生参加体育竞赛的影响,并及时采用恰当的心理调节方法帮助学生进行有效的心理调整,以保证技术、战术、水平和身体潜力的充分发挥。例如,当学生在体育竞赛中由于心理障碍而导致失利,教师或教练员要高度重视比赛录像分析,通过看录像让学生回顾自己的动作,进而对自身的技术发挥、场地、气氛等进行比较研究,分析失利的心理诱因,并提出应对措施,从而避免在下次竞赛中重蹈覆辙。

四、体育心理学在课余体育锻炼中的作用

(一)有助于消除学生心理、生理疲劳

课余体育锻炼不仅有助于增强体质、促进身体健康,而且能够帮助学生消除心理疲劳。通过了解大部分学生一天中心理疲劳程度最严重的时间点,可以帮助教师为学生合理安排体育锻炼的时间和运动负荷;体育教师运用体育心理学中的情感沟通、放松法等知识,能够引导学生积极参与活动,消除心理疲劳,并获得较高的体育锻炼效果。

(二)有助于学生获得积极的情绪体验

体育教师在组织课余体育活动中运用体育心理学的理论与方法,能够帮助学生获得更多积极的情绪体验。学生在课余体育活动中若能够经常得到教师的鼓励、赞扬,将会更积极、主动地

参与到活动中,同时会获得更多的心理效应。另外,当学生在课余体育活动中遇到挫折、困难的时候,体育教师能够及时运用体育心理学的理论与方法来引导学生克服心理障碍,使之重新投入体育锻炼活动。

(三)有助于学生克服心理障碍

体育教师在教学过程中,运用体育心理学的知识可以对学生的心理特点进行有效的分析,如了解学生在体育学习过程中产生心理障碍的类型、特点及成因,遵循心理健康发展的规律,采取有效的教学措施,提高学生的心理品质,发展其心理机能和自我控制能力,排除心理障碍在体育教学中的干扰和影响,提高教学质量。在课外体育活动中,通过组织团体游戏,教师可任命一名性格比较孤僻、沉默的学生担任团队领导,将其置于团体互动的情境中,在教师的鼓励和指导下完成领导角色,帮助其逐渐从自我封闭的状态中走出来,改善其心理健康水平。

单元三　掌握体育心理学研究的主要方法

第一步　调查法

调查法就是在自然条件下,对所要研究对象的状况进行实际了解,从而收集相关资料的一种方法。体育心理学研究中常用的调查法有访谈法、问卷法以及测量法。

一、访谈法

(一)访谈法的含义与特点

访谈法是指通过研究者与研究对象(被研究者)的交谈来收集有关资料的一种方法。应用访谈法可以获取非常丰富、完整和深层次的信息,对于个案研究非常有用。同时,访谈法有以下几个特点:第一,灵活而易于控制;第二,适用范围广;第三,访谈的效果取决于双方的合作。

(二)有效使用访谈法应注意的问题

(1)做好访谈的前期准备工作。

(2)把握访谈的方向与主题。

(3)掌握访谈技巧。

(4)减少访谈者误差。

二、问卷法

(一)问卷法的含义与特点

问卷法是将严格设计的系统问题或表格以书面形式发给(寄给)研究对象,请求如实回答,进而收集资料和数据的一种方法。问卷法适用的范围广泛,因而是教育心理学研究者普遍使用的一种方法。

问卷法有以下几个主要特点:第一,不受人数限制,样本可大可小;第二,适用范围较广泛;第三,资料易于整理和统计分析;第四,对问卷的编制有较高的要求。

(二)有效使用问卷法应注意的问题

问卷法在教育心理学研究中占有非常重要的地位,但绝不可滥用或误用,否则将产生不正确的结论,误导他人,产生不良后果。为此,应采取谨慎和科学的态度来使用问卷法。具体应注意以下几个关键问题。

(1)依据研究目的来构建问卷框架。

(2)编制合适的问题。

(3)对问卷进行试测与修订。

三、测量法

(一)测量法的含义与特点

测量法就是应用一套预先经过标准化的问题或量表来研究心理活动的规律与特性的一种方法,按照一定的规则与程序,对某种心理现象进行数量化测定。

测量法不仅具有适用范围广、所得资料较客观真实且易于整理和分析、施测简便等特点,而且具有特殊性。第一,以量表作为研究的工具。第二,测量的结果具有相对的稳定性,并经常以类别、等级和顺序关系加以表示。第三,对测验的编制、选用具有较高的要求。目前在体育教育领域中我国学者编制了许多心理测验量表。常用的心理测验量表主要有下述几种(表1-2)。

表 1-2　体育领域中我国学者编制的常用心理测验量表

应用领域	测量内容	量表名称	主要编者
体育教学	动机	成就倾向个体差异问卷	邱宜均
体育教学	动机	运动动机量表	张力为
运动训练	动机	竞技动机量表	叶平等
运动训练	意志	优秀运动员意志品质评价量表	殷小川
体育比赛	情绪	竞赛状态焦虑问卷	周成林
体育比赛	情绪	赛前情绪量表 -T	张力为
体育锻炼	情绪	心境状态量表	祝蓓里
体育锻炼	情绪	锻炼态度量表	毛荣建

（二）有效使用测量法应注意的问题

（1）确立对待测量的正确态度。

（2）编制符合要求的测验。

（3）保证测验的严格施测与客观评估。

第二步 实验法

实验法是指从某种理论或假设出发,有计划地控制某些条件,以促使某种或某些现象的产生,从而对其结果进行分析研究的一种方法。体育心理学研究中常用的实验主要有实验室实验和自然实验两种。

一、实验室实验

（一）实验室实验的含义与特点

实验室实验是指在特别创设的条件下（通常指实验室）进行的实验。

实验室实验有以下两个主要特点:第一,对实验情境和实验条件进行严格控制;第二,实验结果的记录、统计比较精确、客观。

（二）有效使用实验室实验应注意的问题

（1）科学、合理地进行实验设计。

（2）严格控制无关变量。

（3）选择和利用恰当的实验仪器。

二、自然实验

（一）自然实验的含义与特点

自然实验又称现场实验、实地实验,是指在实际情境下进行的实验。自然实验具有以下两个特点:第一,与实际联系密切,能反映真实情况;第二,研究中涉及的变量较多。

（二）有效使用自然实验应注意的问题

（1）制订详细的实验计划。

（2）尽量控制无关变量与误差。

【知识拓展】

心理实验的未来——神经科学研究范式

实验法是西方运动心理学研究的主流方法,我国的实验性研究并不多见。这与不同研究范式下的心理实验技术的特征有着密不可分的关系。

信息加工科学研究范式下的实验研究,注重对运动情境下心理现象的描述与行为控制,不能完全解释认知是如何与知觉和行动产生交互作用这一科学问题,即无法研究体育情境中认知系统的神经机制(魏高峡,2012)。

今后的体育科学领域,智能控制、人机交互、运动员辅助训练、视频编码将被广泛地应用于运动心理学领域(张忠秋,2012)。对运动心理机制的研究也应从运动训练学、心理学、行为学、神经生理学、图像分析学等多学科综合出发。神经科学研究范式必将给体育运动心理学研究提供崭新的研究视角。

借助不断革新的神经科学技术手段,可以在操作某种行为实验任务的同时直接观测到大脑活动的空间特征和时间特征,揭示出运动过程中大脑的活动机制。

目前,脑电(EEG)、事件相关脑电位(ERP)、功能性核磁共振成像(fMRI)、脑磁图(MEG)、经颅磁刺激(TMS)、近红外成像(NIRS)等技术手段已经逐渐在运动心理学领域内得到了应用(魏高峡,2012;姚家新、黄志剑,2010),如图1-1、图1-2所示。不仅为运动心理状态的监测和评价提供了高科技手段(周成林,2009),同时,也是运动心理学今后应当继续坚持的方向(张力为,2010)。

图1-1　脑电(EEG)和事件相关脑电位(ERP)

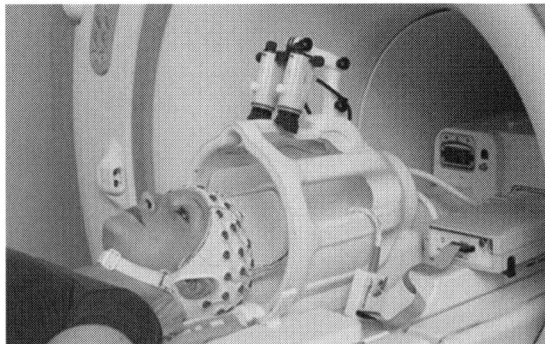

图1-2　脑电(EEG)和功能性核磁共振成像(fMRI)

改自:冯忠良,伍新春,姚梅林,等. 教育心理学[M]. 北京:人民教育出版社,2010.

【实践应用】

青少年学生网络成瘾行为的体育干预个案研究

1　研究对象

1.1　对象的选择

一个有网络成瘾症,正在接受心理辅导的学生小A(化名)。

1.2　研究对象简况及主要问题

被试小A,男,20岁。网龄有一年半,由于性格内向,很少与人交往。因此,注意力转向网络,从聊天开始,发展到玩网络游戏,并越陷越深,一天不上网就感觉焦躁不安、沮丧、心情低落,而且暴躁易怒,时刻担心自己错过了什么,他本人也认识到网络成瘾的危害性,主动求助于学校心理辅导老师,一度上网时间有所减少,但自述心瘾难戒,感觉自己戒得很辛苦。2006 年 3 月利用 Young 的网络成瘾量表和 SCL-90 对被试进行了测试,测试结果显示为中度网络成瘾,存在中等以上的强迫症状、人际敏感、抑郁和焦虑。

2　体育干预方案的设计

根据本研究的目的和被试的特点,精心设计实验内容和步骤,在全面、细致、及时了解被试的心理需求、锻炼习惯、运动基础以及运动兴趣的基础上科学合理地安排 12 周共 40 次的以篮球运动为主的活动内容。隔日安排,训练时间为每次 100 ~ 120 min。每次训练都安排在课余时间,基本上与学生上网的时间段相同。

前 4 周主要以篮球基本技术、趣味篮球游戏和一对一斗牛比赛为主,中间 4 周以花式篮球及三对三比赛为主,后 4 周主要以花式篮球练习及全场比赛为主。通过前 8 周的学习,被试已经基本掌握了篮球的技战术,能够初步领略到花式篮球的魅力,在此基础上继续以花式篮球训练和全场比赛为主可以进一步使被试在现实生活中找到乐趣,使得被试在现实中也能体验到自己的强大,提高自己的自信心。

前 8 周由主试以及主试选出的体育系有一定篮球基础并自愿配合的学生和被试一起锻炼并进行临场指导、鼓励,被试可以和他的同学、朋友一起参加。后 4 周为了培养被试与其他学生的交往能力以及自己安排锻炼内容的能力,主试逐步引导并让被试与学生配合者一起进行锻炼。

3　研究结果与分析

3.1　体育干预前后主观观察记录及分析

被试经过 12 周的运动训练,感觉各方面情况良好,实验前后的主观观察记录如表 1-3。

表 1-3　主观观察记录

	实验前	实验后即时	实验后 8 周
上网时间	4 ~ 5 h / 天	1 h 左右 / 天	1 h 左右 / 天
上网主要活动内容	游戏、聊天	获取学习、生活信息	获取学习、生活信息
一段时间不上网时	焦躁不安、沮丧	不良反应减轻	无不良反应
对网络的依赖程度	高	偏低	低
现实交往情况	基本上没有朋友	有几个可以一起运动的朋友	有一批可以一起运动的朋友
精神状态	萎靡不振	良好	良好
运动积极性	低	较高	高

3.2　利用 Young 的网络成瘾量表进行测试的情况及分析

实验前后利用 Young 的网络成瘾量表对被试进行测试的结果记录如表 1-4。

表 1-4　实验前后网络成瘾量表测试结果

	实验前	实验后即时	实验后 8 周
分　值	68	41	38

表 1-4 显示了小 A 在实验前后的成瘾症状在持续减轻过程中。

3.3 实验前后被试心理健康的总体状况

为了解实验前后对被试心理健康问题的总体状况的影响效果,采用威尔科克逊检验(Wilcoxon Test)对小 A 实验前和实验后 SCL-90 测试的各因子分值进行正负等级和是否有显著性差异检验。结果显示体育运动对小 A 的心理健康问题的每个因子都存在积极的干预效果。

4 讨论

以上个案研究表明,通过体育干预的实施,可以使网络成瘾学生的行为得到纠正。这也给我们一个启示:作为一名体育教师在掌握一些体育心理学与心理咨询的知识与技能后,可以运用个案法帮助有心理障碍的学生在体育锻炼的作用下恢复正常。

改自:朱莉,周学荣,余少兵.青少年学生网络成瘾行为的体育干预个案研究[J].军事体育进修学院学报,2007(2):108-110.

任务小结

体育心理学是研究体育运动这一特定情境中的心理和行为的科学。具体而言,体育心理学是研究体育运动情境中认知、情感和行为的科学。从体育心理学的学科性质来看,它既是一门由多学科交叉而成的理论学科,又是一门从心理学中独立出来的应用性学科。师生在体育教育中的心理及其行为,即体育教育与师生的心理活动之间的关系就是体育心理学的研究对象。主要研究领域包括学校体育教学、课余训练、比赛和锻炼中学生的心理过程和个性心理特征等。

体育教师学习和掌握体育心理学的理论和方法具有重要意义:有助于提高体育教学的质量;有助于增强学生心理健康与社会适应能力;有助于课外运动训练选材的科学化;有助于对学生进行心理训练和调节;有助于预防运动损伤与消除心理障碍;有助于学生达到最佳竞技状态;有助于提高学生对竞赛环境的心理适应能力;有助于避免学生在比赛中出现各种心理障碍;有助于消除学生心理、生理疲劳;有助于学生获得积极的情绪体验;有助于学生治疗心理疾病。体育心理学的研究方法主要有调查法和实验法,调查法中包含有访谈法、问卷法以及测量法;实验法分为实验室实验和自然实验。

思考题

1.何谓体育心理学?

2.请结合实例简述体育心理学的研究对象和主要研究领域。

3.学习和掌握体育心理学有哪些意义和作用?在你的教学或者学习的过程中,感受过体育心理学的作用吗?具体体现在哪里?结合本章内容,简要描述自己对体育心理学作用的感受。

4.请结合实际案例,简述体育心理学几种研究方法的特点。

【推荐阅读】

[1] 马启伟 . 体育心理学 [M]. 北京:高等教育出版社,1996.

这本《体育心理学》包括绪论、体育与心理的关系、体育参与的动力系统、运动技能学习、心理技能训练、体育教学心理、体育比赛心理、体育社会心理、体育心理学的研究方法9章内容。这是一本起点高、体系新、信息量大的且具有较高水平的教材。

[2] 季浏 . 体育心理学 [M]. 北京:高等教育出版社,2006.

本书是高等教育"十五"国家级规划教材,也是高等学校体育专业主干课教材之一。本书包括:导言、体育心理学概述、体育学习的心理学基础、人格与运动、运动兴趣、运动动机的理论与应用、运动中的目标设置与目标定向、运动归因、体育锻炼与心理健康等。

任务二
了解学生的个性

【学习目标】

1.理解个性、性格、人格特征的概念。

2.掌握学生个性的心理结构和特征。

3.学习基于了解学生个性的体育教学方法。

【关键词】

个性　性格　人格　个性倾向性　个性心理结构

【导入案例】

区别对待,因材施教

在体育教学课堂上,学生存在着较为明显的个体差异,他们在体能、运动能力、认知能力、个性心理特征、体育学习的动机、兴趣、态度、情感、意志等方面都存在着差异。

在S老师的体育课堂上,一名学生F引起了老师的注意。F学生不爱与其他同学交流,也不爱寻求老师的帮助,常常一个人默默地练习技术动作,但是他动作掌握慢,学习效果并不好。老师提问时,他也总是躲在其他同学身后,不敢表达自己的观点。S老师认为,这是一名性格内向的学生。于是,S老师对F学生进行耐心指导,鼓励其他学生主动与F学生交流;仔细观察F学生在体育学习中的细微进步,并及时给予鼓励和赞扬。慢慢地F学生自信心增强了,不仅主动寻求老师和同学的帮助,而且在体育课的期末测试中取得了理想的成绩。

课堂上另一名学生G是一个活泼好动、热情开朗的学生,在体育课上,学习积极性高,掌握技术动作快,示范、练习动作不怯场,与同学们交流多。但是,S老师发现,G学生虽然具有这些优点,但是他的注意力集中时间短,耐心差,容易骄傲自满,学习技术动作时不愿意进行多遍的重复练习。对于G学生,S老师在肯定他优点的同时,对他的不足之处也及时指出,适时给予严肃批评,防止其出现自以为是的情绪;采用一些提示性语言使其注意力始终集中在学习方面。最后,G学生在体育课堂上不仅自己获得了良好的学习效果,还积极帮助同伴进行体育学习。

由此可见,在体育教学中采用的教学方法要以学生不同的个性特征为依据,区别对待,因材施教。

改自:季浏,殷恒婵,颜军.体育心理学[M].北京:高等教育出版社,2010.

在体育教学中了解学生的个性，并基于学生的个性特征采用不同的教学方法和手段，可以使体育教学达到事半功倍的效果。那么，什么是个性？如何了解学生的个性特点以及采用什么样的教学方法达到比较理想的教学效果？本章将围绕这些问题展开阐述。

单元一 掌握个性的理论基础

第一步 了解个性的内涵

个性一词最初来源于拉丁语 Personal，开始是指演员在舞台上所戴的面具，后来心理学借用这个术语，用来指每个人在人生舞台上各自扮演的角色及其不同于他人的精神面貌。个性也称为性格，在西方又称人格。个性（Personality）指个人稳定的心理特征的总和，包括性格、兴趣、爱好等，是在人的生理素质的基础上，在一定社会条件和教育影响下形成的一个人的比较稳定的特性。

【知识拓展】

理解个性的多个层面

由于个性的复杂性，我国心理学界对个性的概念和定义尚未有一致的看法。我国第一部大型心理学词典——《心理学大词典》中的个性定义反映了多数学者的看法，即："个性，也可称人格，指一个人的整个精神面貌，即具有一定倾向性的心理特征的总和。个性结构是多层次、多侧面的，是由复杂的心理特征结合构成的独特整体。这些层次有：第一，完成某种活动的潜在可能性的特征，即能力；第二，心理活动的动力特征，即气质；第三，完成活动任务的态度和行为方式的特征，即性格；第四，活动倾向方面的特征，如动机、兴趣、理想、信念等。这些特征不是孤立存在的，是有机结合的一个整体，对人的行为进行调节和控制的。"

引自：朝明安. 现代汉语大词典［M］. 南昌：江西教育出版社，2014.

朱智贤. 心理学大词典［M］. 北京：北京大学出版社，1989.

第二步 理解个性的结构和特征

一、个性的心理结构

从构成方式上讲，个性其实是一个系统，其由三个子系统组成，如下所述。

(一)个性倾向性

个性倾向性指人对社会环境的态度和行为的积极特征,主要包括需要、动机、兴趣、理想、信念和世界观。它较少受生理、遗传等先天因素的影响,主要是在后天的培养和社会化过程中形成的。个性倾向性中的各个成分并非孤立存在的,而是互相联系、互相影响和互相制约的。其中,需要是个性倾向性乃至整个个性积极性的源泉,只有在需要的推动下,个性才能形成和发展。动机、兴趣和信念等都是需要的表现形式。而世界观处于最高指导地位,它指引和制约着人的思想倾向和整个心理面貌,它是人言行的总动力和总动机。由此可见,个性倾向性是以人的需要为基础、以世界观为指导的动力系统。

(二)个性心理特征

个性心理特征是指人的多种心理特点的一种独特结合,包括性格、气质、能力。性格是指一个人表现在对现实较稳固的态度和习惯化的行为方式。性格是童年期慢慢塑造出来的,家庭中的父母及其他成员对孩子性格的形成有很重要的影响。如心理学家做过的"情感剥夺实验"结果说明,在婴幼儿时期给孩子营造良好的心理环境对一个人形成良好的性格是很重要的;在婴幼儿时期特别是儿童时期剥夺了母爱往往会使他们的性格扭曲,造成不好的行为和个性表现。

【经典实验】

情感剥夺实验

把同时生下的小猴子分成两组,一组放在铁笼子里,用奶喂养,什么也没有;另一组给它们用长毛绒做了个假妈妈,吃完奶它们可以在假妈妈身上玩。实验结果表明,小猴子慢慢长大后,没有假妈妈的这一组胆子比较小,反应暴躁,不合群,与人不好接近;有假妈妈的这一组正好相反,不胆小,合群,与人容易接近。

引自:王斌.运动心理学[M].杭州:浙江大学出版社,2014.

气质是表现在心理活动的强度、速度、灵活性及倾向性等方面综合的心理特征。人的气质差异是先天形成的,受神经系统活动过程的特性所制约。孩子刚一出生时,最先表现出来的差异就是气质差异,如有的孩子爱哭好动,有的孩子平稳安静。

希波克拉底(Hippocrates)将气质分为多血质、胆汁质、黏液质、抑郁质。巴普洛夫(Pavlov)用高级神经活动类型学说解释气质的生理基础,他依据神经过程的基本特性,即兴奋过程和抑制过程的强度(大脑皮质神经细胞工作能力或耐力的标志)、平衡性(是兴奋过程和抑制过程的相对力量)和灵活性(是兴奋过程和抑制过程相互转换的速度),划分出了四种类型(表2-1)。

每个人的性格和气质是不同的,但这并不影响他们成为某个领域里优秀的人。性格和气质不能决定一个人智慧的高低和事业的成就,不同性格和气质的人都可以成为某一领域的杰出代表人物。

表 2-1　气质类型与高级神经活动类型的对照

高级神经活动过程	高级神经活动类型	气质类型
强、不平衡	不可遏止型	胆汁质
强、平衡、灵活	活泼型	多血质
强、平衡、不灵活	安静型	黏液质
弱	抑制型	抑郁质

【知识拓展】

四种气质类型在行为方式上的典型表现

1.多血质

活泼、好动、敏感、反应迅速,喜欢与人交往,注意力容易转移,兴趣容易变换,灵活性高,易于适应环境变化,善于交际,在工作、学习中精力充沛而且效率高;对什么都感兴趣,但情感兴趣易于变化;有些投机取巧,易骄傲,受不了一成不变的生活。小说代表人物:韦小宝、孙悟空、王熙凤。

2.胆汁质

直率、热情、精力旺盛,心境变换快,情绪易激动,反应迅速,行动敏捷,暴躁而有力;性急,有一种强烈而迅速燃烧的热情,不能自制;在克服困难上有坚忍不拔的劲头,但不善于考虑能否做到,工作有明显的周期性,能以极大的热情投身于事业,也准备克服且正在克服通向目标的重重困难和障碍,但当精力消耗殆尽时,便失去信心,情绪顿时转为沮丧而一事无成。小说代表人物:张飞、李逵、晴雯。

3.黏液质

安静、稳重、沉默寡言,情绪不易外露,注意力稳定但又难于转移,善于忍耐;反应比较缓慢,坚持而稳健的辛勤工作;动作缓慢而沉着,能克制冲动,严格恪守既定的工作制度和生活秩序;情绪不易激动,也不易流露感情;自制力强,不爱显露自己的才能;固定性有余而灵活性不足。小说代表人物:薛宝钗。

4.抑郁质

孤僻、行动迟缓、体验深刻,善于觉察别人不易觉察到的细小事物;高度的情绪易感性,主观上把很弱的刺激当作强作用来感受,常为微不足道的原因而动感情,且有力持久;行动表现迟缓,有些孤僻;遇到困难时优柔寡断,面临危险时极度恐惧。小说代表人物:林黛玉。

引自:百度百科。

能力是指个体顺利完成某一活动所必需的主观条件,直接影响活动效率,是使活动能够顺利完成的个性心理特征。能力总是和活动联系在一起,离开了具体活动既不能表现人的能力,也不能发展人的能力。个体从事认识世界和改造世界的任何活动,能力都是一个必要的条件,但不是唯一的条件,因为个体的知识经验、动机情感、健康状况等也是顺利完成活动所必需的。一个人具有某些突出的能力并能将各种能力结合起来,出色地完成任务,就说他有某方面的才能,才能是多种能力的有机结合。在专业术语中,能力反映了个体在某一工作中完成各种任务的可能性,这是对个体能够做什么的一种现时的评估。

(三)自我意识

自我意识指自己对所有属于自己身心状况的意识,包括自我认识、自我体验、自我监控等方面,如自尊心、自信心等。自我意识是个性系统的自动调节结构,而心理过程是个性产生的基础。

二、个性的特征

(一)个性的个体差异性与共同性

人的个性总是受一定的社会历史条件所制约,也受个人不同的生活环境和教育条件的制约。因此,人的个性既有个体差异性,又有共同性的特点。个性的个体差异性是指人与人之间的心理和行为是各不相同的,由于个性组合结构的多样性,每个人的个性都有自己的特点。个性除了差异性的特征之外,也存在着共同特征。个性的共同性是人们受共同的社会经济、政治和文化生活环境的影响而产生的,是指由于受共同的社会文化影响,同一民族、同一地区、同一阶层、同一群体的个体之间具有的共同的典型心理特点。

(二)个性的稳定性与可变性

任何一种个性特征都不是在某一段时期内形成的,它是在社会和家庭的环境影响、教育训练和个人实践活动中逐渐塑造而成的。所以,个性一旦形成,就会比较稳定。如在一个人身上偶然出现的心理方面的特点,则不能算这个人的个性特征。个性的稳定性是指个体的个性特征经常地、一贯地表现在心理和行为之中。个性特征是在生活过程中形成的,随着社会生活条件的变化而变化。受人的生物组织制约的某些个性特征,比较不容易变化,如气质;受社会生活条件所决定的某些个性特征,如性格则比较容易变化,生活中的重大变化,都可能改变一个人的性格。

(三)个性的生物性与社会性

个体受生物特性制约,但对个性起决定作用的是社会生活条件。人的个性不是遗传特征的成熟过程,神经类型的特点可以使个性中某些特征具有一定的差异,但它不能决定个性的方向。人的个性的多样性是和人的社会生活的多样性分不开的。不同的社会风俗习惯、思想道德信念、生活行为方式等,无不在人的个性上打下烙印。个性从其形成和表现形式上看,既受社会历史的制约,又受个人生理特征的影响,如需要、动机、兴趣、理想、信念、价值观、性格都受社会影响而形成,使个性带有明显的社会性。

(四)个性的完整性与缺陷性

个性的完整性,是指构成个性的各种心理成分和特质,如能力、气质、性格、情感、动机、态度、价值观、行为习惯等,在一个现实的人身上,并不是孤立存在的,而是密切联系构成一个完整的功能系统。正常人的行动并不是某一特定成分(如能力或情感)运作的结果,而是各个成分密切联系、协调一致所进行的活动。心理的完整性是心理健康的表征。心理健康的研究表明,个性是能力、气质、性格、情感、动机、态度、价值观、行为习惯等共同作用的,一旦某一部分出现缺陷,就会造成个性的不完整性,出现个性问题。

第三步　探讨个性的影响因素

个性是在遗传与环境的交互作用下逐渐形成的,具体来说,有如下几种影响因素:①生物遗传因素;②社会文化因素;③家庭环境因素;④早期童年经验;⑤学校教育因素;⑥自然物理因素;⑦自我调控因素。

【知识拓展】

个性的差异

社会文化对人的个性特征具有塑造功能,这表现在不同文化下的民族有其固有的民族性格。例如,米德(Mead)等人研究了新几内亚的三个民族的个性特征,这三个民族居住在不同自然环境中,有着不同的社会文化背景。他们在民族性格上的差异,说明了社会文化环境和自然环境对人性形成的影响。研究显示,居住在山丘地带的阿拉比修族,崇尚男女平等的生活原则,成员之间互助友爱、团结协作,没有恃强凌弱和争强好胜,人与人之间是一派亲和景象。居住在河川地带的孟都古母族,生活以狩猎为主,男女间有权力和地位之争,对孩子处罚严厉。这个民族的成员表现出攻击性强、冷酷无情、嫉妒心强、妄自尊大、争强好胜等个性特征。居住在湖泊地带的张布里族,男女角色差异明显,女性是这个社会的主体,她们每天劳动,掌握着经济权;而男性则处于从属地位,主要从事艺术、工艺与祭祀活动,并承担孩子的养育责任。这种社会分工使女人表现出刚毅、支配、自主和快活的性格,而男性则有明显的自卑感。

生态环境、气候条件、空间拥挤程度等物理因素都会影响个性的形成和发展。爱斯基摩人以渔猎为生,夏天在船上打鱼,冬天在冰上打猎。这个民族以家庭为单元,男女平等,社会结构比较松散,除了家庭约束外,很少有持久、集中的政治与宗教权威。在这种生存环境下,父母对孩子的教养原则是能够适应成人的独立生存能力。男孩由父亲在外面教打猎,女孩由母亲在家里教家务。儿女教育比较宽松、自由,不受打骂,鼓励孩子自立,使孩子逐渐形成坚定、独立、冒险的人格特征。而特姆尼人生活在灌木丛生的地带,以农业、种田为主。居住环境稳定,社会结构紧固,有比较分化的社会阶层,建立了比较完整的部落规则。在哺乳期内父母对孩子很疼爱,断奶后孩子就要接受严格的管教。这种环境使孩子形成了依赖、服从、保守的人格特点。

另外，气温也会提高人的某些人格特征的出现频率。如热天会使人烦躁不安，对他人采取负面的反应，发生反社会行为。世界上炎热的地方，也是攻击行为较多的地方。自然环境对人格不起决定性的作用，但在不同的物理环境中，人可以表现出不同特点。

改自：彭聘龄.普通心理学[M].北京：高等教育出版社，2005.

第四步　探究在体育教学中了解学生个性的意义与作用

在体育教学中，每个学生的家庭条件、生活环境、个人生活经历有所不同，因此在个性特点上存在一定的差异，不同个性特点的学生其行为方式的表现不同，在体育学习中也会表现出不同的学习方式和风格。

不同个性的学生所能接受的教学方式也不相同，教师如果不了解学生的个性特点而盲目采用单一的教学方法，往往会得到事倍功半的教学效果。例如铁棒与钥匙的对话：铁棒费了九牛二虎之力也撬不开锁，而钥匙却轻轻一转把锁打开了。铁棒问："钥匙，这是为什么？"钥匙回答说："很简单，因为我懂锁的心。"可以看出，在体育教学中教师对每个学生的个性特点进行全面了解，引导学生选择适合自己个性特点和运动能力的运动项目，对不同的学生采取不同的教学方法，做到一把钥匙开一把锁，能够使教学效果事半功倍。

第五步　学习个性有关的测量工具

个性的测量主要采用问卷分析的方法。国内外心理学者在一般教学领域常用的量表有卡塔尔的《16 种人格因素问卷（16PF）》来测量 16 种人格因素，即：A. 乐群性、B. 聪慧性、C. 稳定性、E. 恃强性、F. 兴奋性、G. 有恒性、H. 敢为性、I. 敏感性、L. 怀疑性、M. 幻想性、N. 世故性、O. 忧虑性、Q1. 实验性、Q2. 独立性、Q3. 自制性、Q4. 紧张性。

艾森克提出了人格的 3 个基本维度——外倾性、神经质、精神质，并编制了《Eyscenk 人格问卷》（Eysenck Personality Questionnaire，EPQ）来测量这 3 个基本特质维度的个体差异。

经过漫长的探索，Norman（1963，1967）等一批人格心理学家逐渐达成了共识，认为人格维度有 5 个：神经质、外倾性、开放性、随和性和意识性。目前，许多人格心理学家倾向于采用科斯塔与麦克雷编制的《NEO 人格问卷修订本》来测量这 5 大特质因素。该量表包括 240 个条目，每一条目从完全同意到完全不同意 5 级选项，5 个特质因素各包括 6 个亚因素。

我国心理学家张建新编制了《中国人个性测查表（CPAI）》，用来测量中国文化背景下的个性特征。此量表包括 4 个因素：可靠性、人际关系性、领导性和个人性。

学习如何在体育教学中了解学生的个性

单元二

第一步　理解个性与体育活动的关系

　　体育活动常常给人带来希望与失望、欢乐与痛苦、竞争与合作、成功与挫折。在此过程中，它既能够满足人际交往的需求，完善个性特征，促进社会角色的获得，形成自我意识和道德规范的行为方式，在强化价值观念和竞争意识方面起着积极的作用，也可以对参与者的个性形成和发展起到优化和促进作用。

一、个性与体育项目

　　众多学者对掌握两个或两个以上运动项目运动员的个性特征进行了调查，逐渐发现掌握不同体育项目的运动员的个性特征有所不同。研究发现，集体项目运动员的个性特征与个人项目运动员有所不同。集体项目运动员更为焦虑、外向、依赖性更强、警觉、客观但更不敏感。其中，身体类接触项目(篮球、橄榄球等)运动员的个性特征与非身体接触项目(排球、棒球等)运动员也有所不同，身体接触型项目的运动员独立性更强，自我的力量更弱。

　　中国学者曾采用16PF对优秀短跑运动员进行研究，结果显示男子短跑运动员在恃强性和兴奋性上得分高于篮球运动员，自制性则低于篮球运动员；稳定性和兴奋性上的得分比排球运动员高；聪慧性、恃强性、兴奋性和敢为性方面比足球运动员高；乐群性和兴奋性上比射击运动员得分高，而在有恒性、独立性和自制性方面得分比射击运动员低。

二、体育活动对学生个性的影响

(一)体育活动可以促进学生的人际交往能力，完善其个性发展

　　学生在参与体育运动的过程中个体之间的人际互动是面对面的，是有意识的，沟通是直接的，能积极地表现个性的各个方面——丰富的感情和复杂的情绪。如在篮球运动中，个体与个体之间组成一个团体，可以使个体摆脱孤独的同时产生彼此为队友的强烈感情。

(二)体育活动可以促进学生自我意识的形成

　　自我意识标志着个性的形成和发展水平的程度，是个性在生活环境中通过与客观环境相互作用逐渐形成和发展起来的，并在个性的形成和发展过程中起着重要的调节作用。在比赛过程中，特别是团队比赛，个体可能会担当多个角色。这是由于角色的需要，他们既是

别人,又是自己,在自我和角色的同一守恒中,他们学会发现了自我与他人的区别,从而学会理解别人。

(三)体育活动可以增强学生的道德行为

个体在参与体育活动中会受到规则的约束。比赛规则通常建立在公正和道德判断的基础上,融合不同群体、个体,甚至是不同民族的伦理标准。因此,互相沟通和规范行为方面,能够达到较高程度的一致性,尤其是对个体道德的潜移默化的影响极为显著。体育运动中的比赛规则,使个体在比赛中较好地控制自己的行为,做到踊跃性和拘谨性的有机结合,把握行为的积极性与克制性之间的分寸感。

(四)体育活动能充分发挥学生的主观能动性

体育运动最突出的特点是实践性强,个体与个体之间的相互反馈表现十分明显。运动技能的提高,只有通过参与者自己动手动脑,自觉学习相关体育知识,带着问题去参与体育运动,才能将知识技能转化为自己的认识和行为方式。在整个体育运动的参与过程中,个人的主观能动性得到增强。

(五)体育活动可以增强学生的竞争意识和团队合作精神

例如,在排球运动中,每个人必须以本队其他个体为合作伙伴,在遵守排球比赛规则的前提下,有计划有组织地进行进攻和防守,通过自己的智慧、意志、活力和技巧,来战胜对手赢得比赛。在这个过程中,不但培养了个体的竞争意识,而且也培养了学生的团队合作精神。

当然,影响个性的环境因素比较多,要明确个性与体育活动的因果关系是很困难的。个性会影响个体对某些运动项目产生偏好,同时体育运动也能使个体的个性发生一定的变化。

第二步　掌握针对不同学生个性的体育教学方法

在体育教学中,经常会遇到各种各样的学生,有的学生活泼、好动、敏捷、迅速、喜欢交际;有的学生直率、热情、精力旺盛、情绪易冲动;有的学生安静、稳重、反应缓慢、沉默寡言、情绪不易外露;有的学生孤僻、敏感、行动迟缓等。这是学生在气质类型、性格上的差异造成的。体育教学中应针对不同气质类型、不同性格、不同能力水平的学生,因材施教、因人而异,正确区分和对待不同个性心理特征的学生。

一、对不同气质类型的学生采用不同的教学方法

(一)以胆汁质类型为主的学生

这类学生性格热情开朗、精力充沛,内心外显,直率、果断。他们喜欢节奏快、刺激强的体育活动,如足球、篮球、体育游戏等活动;在体育运动中会表现出情绪高涨、学习积极性高、主动参与性强等特点。相反,他们对动作节奏慢而细腻的武术、体操则表现出缺乏学习热情,注意力集

中时间短,无耐心,易急躁,掌握技术动作也慢。

对于此类型的学生要充分肯定他们积极、热情的特点。同时,适当控制他们的兴奋点,培养其自制力,适当的时候需要对他们进行批评教育。在讲授新动作时,可以用完整教法为主或缩短分解练习的时间,尽可能通过规则、程序来培养他们的耐心、沉着、稳健的品质;在要求注意细节动作的同时,提高其动作的规范性,并尽量避免安排两个胆汁质类型的学生在一起训练。此外,还要对其进行安全教育,培养他们的自我保护能力,克服其盲目自满情绪的产生。

(二)以多血质类型为主的学生

多血质的学生活泼好动,情绪发生快而多变,表情丰富,反应敏捷,易适应新环境,但注意力不稳定、易被转移。如果对他们缺乏适当、及时的教育,就可能导致其学习肤浅。这类学生不愿学习单调的动作,对难度大的动作有浓厚的兴趣,喜欢自己尝试新动作。

在教学时遇见此类气质的学生时,首先要引导他们明确学习目的,培养其认真钻研的学习精神,保护自己的学习热情;其次,要注意选择多种教学内容,采用灵活多样的教学方法,以提高他们的学习兴趣;最后,当他们熟练掌握运动技能时,应对他们提出更高的要求,使其不要满足现状,并对他们在练习过程中存在的问题及时给予指正。

(三)以黏液质类型为主的学生

这类气质的学生情绪较稳定,不易外露,耐受力强,学习较踏实,但灵活性不高,学习有惰性、缺乏主动性;注意力较集中,但不易转移;学习难度较大的动作时常表现出畏难情绪,有时逃避练习。然而,当他们对所学的动作产生了兴趣,则能积极、主动、持久地进行学习,但掌握动作速度较慢。

对这类气质的学生,教师应帮助其树立学习的信心,促使他们踊跃参加体育活动;在学习初期要给予具体细致的指导,多采用分解教学法,给予他们足够的思考时间;当这些学生初步掌握动作要领时,则引导其进行自主练习;在训练中多采用游戏法、竞赛法提高其兴奋程度,以完成灵活性较高的动作。

(四)以抑郁质类型为主的学生

这类气质的学生情绪敏感、情感丰富、观察力敏锐,但胆小怕事、不爱交际,学习动作时反应迟钝、缺乏主动性、不会主动寻求老师和同学的帮助和指导,经常会出现"站课""混课"等不良现象,若缺乏特别的关心和帮助,他们可能失去体育学习的自尊心和自信心。

针对这类气质的学生,教师要鼓励和培养他们勇敢、大胆、果断的精神;主动对他们的体育学习进行指导和帮助,特别是在学习新动作时要对他们进行耐心的指导;多采用正误对比的示范方法,引导其建立正确的运动表象;在运动中采用连续变换的练习方法,提高他们的学习积极性;必要时可适当降低要求或放慢学习速度;对于他们微小的进步,教师应及时给予鼓励和肯定,使他们产生学习的成功体验和乐趣,树立学习的信心。

二、对不同性格的学生采用不同的教学方法

(一)以内向型为主的学生

这类学生多具有黏液质和抑郁质两种气质类型的特征。遇事沉着,善于思考,但活动呆板,灵活性较差,自信心不强,常常低估自己的能力,敏感性高,意志脆弱,练习过程中对有难度的动作时常产生恐惧情绪,不善于与同学交往。课堂上最佳学习状态出现较晚,但持续时间长。

对这类学生可结合对待黏液质和抑郁质学生的方法进行指导。要以赞扬和鼓励为主,善于发现他们在学习中的细微进步,并给予及时表扬。同时,对他们在体育学习中遇到的困难和问题要给予耐心的指导和真诚的帮助,尽量避免不必要的批评,更不能讽刺挖苦。此外,对他们的体育学习要提出明确的、具体的、切实可行的目标,让他们在完成一个个学习目标的同时,体验成功的乐趣,增强学习的信心。

(二)以外向型为主的学生

这类学生大都具有胆汁质和多血质两种气质类型的特征。性情开朗、倔强,学习积极主动,反应较快,练习动作不怯场,不计较小的得失,但往往从兴趣和情绪出发,练习中喜欢表现自己和听表扬的话,容易过高地估价自己和自满;学习缺乏计划性和持久性,最佳学习状态出现得较快,但保持时间较短;乐于帮助同伴,与同学能友好相处。

针对此类学生可结合对待胆汁质和多血质两种类型学生的方法进行指导。要保护他们学习体育的积极性,不宜对他们进行过多的表扬,防止可能出现自以为是的情绪,对他们的不足之处要及时提出,有时可进行严肃的批评;多采用提示法,如语言提示,使其注意力始终集中在学习方面,以排除外界的干扰;可发挥他们的优势,鼓励他们帮助和带动同伴进行体育学习。

气质本身并无好坏之分,每一种气质和性格类型既有其积极的一面,也有其消极的一面,每一种气质类型或性格都有可能发展成优良的品质或不良的品质。在体育教学中,教师应了解学生的个性心理特征,正确对待学生的个性特征,掌握不同个性特征学生的学习特点和学习态度,有针对性地采用灵活多样的教学手段,充分发挥每个学生潜在的运动能力和心理品质来提高学习效果。

在体育教学中,采用的教学方法要注意以学生不同的个性心理特征为依据,贯彻因材施教的原则,发扬性格类型的长处,弥补某些性格的不足之处,激发学生的学习兴趣,调动学生学习的积极性和主动性,发展学生的体育能力,完善学生的性格。

　　个性是指个人稳定的心理特征的总和,包括性格、兴趣、爱好等,是在人的生理素质的基础上,在一定社会条件和教育影响下形成的一个人的比较稳定的特性。个性结构是多层次、多侧面的,是由复杂的心理特征的独特结合构成的整体。这些层次有:第一,完成某种活动的潜在可能性的特征,即能力;第二,心理活动的动力特征,即气质;第三,完成活动任务的态度和行为方式的特征,即性格;第四,活动倾向方面的特征,如动机、兴趣、理想、信念等。这些特征不是孤立的存在,而是有机结合的一个整体,对人的行为进行调节和控制。

　　个性的心理结构,从构成方式上讲,由个性倾向性、个性心理特征和自我意识三个子系统组成。个性的特征有个性的个体差异性与共同性、个性的稳定性与可变性、个性的生物性与社会性、个性的完整性与缺陷性。

　　体育活动对学生个性的形成与发展能够产生影响。体育活动可以促进学生的人际交往能力,完善其个性发展;可以促进学生自我意识的形成,增强学生的道德行为,能充分发挥学生的主观能动性;可以增强学生的竞争意识和团队合作精神。

　　在体育教学中,所采用的教学方法要以学生不同的个性心理特征为依据,贯彻因材施教的原则,对不同气质类型、不同性格类型的学生,要采用与之相适应的教学方法,以发扬性格类型的长处,弥补性格的某些不足之处。激发学生的学习兴趣,调动学生学习的积极性和主动性,发展学生的体育能力,完善学生的性格。

思考题　　1.请结合个性理论,分析自己以及周围同伴的个性心理特征。

　　2.分析体育课上两三名同学的个性心理特征,在此基础上拟一份与之相适应的体育教学方法。

【推荐阅读】

[1] 彭聃龄.普通心理学 [M].北京:高等教育出版社,2005.

《普通心理学》是国家教委推荐的一本高校心理学教材,它适用于全日制高校心理学专业及其他相关专业、自学高考心理学专业的本科学生,同时,也可作为广大心理爱好者及电大、函授选修心理学课程学员的参考读物。

[2] 张力为,毛志雄.运动心理学 [M].上海:华东师范大学出版社,2003.

本书是专为体育院校和师范院校开设的《运动心理学》本科课程编写的教材,共分7编20章,介绍了运动心理学的发展脉络、研究特点和重要成果,讨论了运动员的动机基础、心理特征、认知过程、自我完善、心理健康和社会互动等问题。

任务三
提高学生体育学习的兴趣

【学习目标】

1.了解体育学习兴趣的定义。

2.明确体育学习兴趣的特性及分类,理解影响体育学习兴趣水平的因素。

3.学习体育学习兴趣对学生健康发展的重要意义。

4.掌握激发学生体育学习兴趣的方法。

【关键词】

体育学习　体育学习兴趣　体育态度　培养

【导入案例】

浑天仪之父——张衡

我国东汉时期著名的科学家、文学家张衡从小就酷爱天文知识。一天晚上,他坐在院子里,靠着奶奶,对着夜空数星星。

奶奶笑着说:"傻孩子,又在数星星了。那么多的星星,一闪一闪地乱动,眼都看花了,你能数得清吗?"

张衡说:"奶奶,我能数得清。星星是在动,但不是乱动。您看,这颗星星和那颗星星,总是离得那么远。"

爷爷走过来,说:"孩子,你看得很仔细。天上的星星是动,可是它们之间的距离是不变的。我们的祖先把他们分成一组一组的,还给它们起了名字。"爷爷停了停,指着北边的天空,说:"你看,那七颗星星连起来像一把勺子,叫北斗星。勺口对着的一颗亮星,就是北极星,北斗星总是绕着北极星转。"

爷爷说的话是真的吗?小张衡一夜没睡好,几次起来看星星。这次他看清楚了,北斗星果然绕着北极星在慢慢转动。

长大后,这个数星星的孩子画出了我国第一张星空图,首创天文仪器"浑天仪",为后世的天文学研究奠定了基础。

通过上述案例可知,兴趣是学习的原动力,它是由个体的需要引起的对事物进行探究的心理倾向,是推动与维系持续从事某项活动的动力。人们一旦对体育运动有了兴趣,就会主动对与体育运动有关的事情和信息表现出特别的关注,并积极主动地参与到体育运动中来。同时,在体育教学中学生的学习兴趣是实现体育与健康课程目标和价值的有效保障。因此,对体育学习兴趣进行深入细致的研究就具有了较强的实践意义及时代价值。

那么,什么是体育学习兴趣呢? 如何对体育学习兴趣进行分类? 如何正确激发学生的体育学习兴趣? 本章将围绕这些问题展开阐述。

单元一 学习体育学习兴趣的相关理论

第一步 学习体育学习兴趣的内涵

体育学习兴趣是人们积极地认识、探究或参与体育运动的一种心理倾向,是自主获得体育与健康知识和技能、促进身心健康的重要动力。

第二步 掌握体育学习兴趣的特性

一、体育学习兴趣的倾向性

【实践案例】

运动源于"兴趣"

张某是个篮球迷,对篮球运动拥有浓厚的兴趣,对各级篮球比赛、篮球明星等与篮球有关的事情总是格外留心。平时一有空,他便约上朋友进行篮球比赛。

此外,他对与篮球有关的媒体报道也十分敏感,不论是现场比赛,还是电台广播或电视播放,他都有着极大的热情。在观看篮球比赛时,他更是热血沸腾,时常为自己所喜爱的篮球队员或所喜欢的篮球队加油喝彩。

通过上述案例,不难看到兴趣是一种无形的动力,具有一定的倾向性。同样,体育学习的兴趣也是具有一定倾向性的,所谓体育学习兴趣的倾向性是指在体育学习过程中总是指向一定的体育项目或体育事件。当一个学生对某体育项目感兴趣时,他就倾向于去参与这项运动。这主要表现在课堂上认真学习相关的运动知识和技能,在课下积极参与这项体育运动。这种良好的体育学习兴趣有助于学生在体育学习上取得成功,获得好成绩,同时这种正向的传递反过来又能强化体育学习兴趣的倾向性,让学生更加喜欢这项运动。试想如果体育学习兴趣失去了它的倾向性,那么到头来只能是"样样都学,但样样都不精通"的状态,造成学生体育学习效果不佳。

此外,体育学习兴趣的倾向性,直接影响到体育学习兴趣的内容。有的人对球类运动感兴趣,有的人对水上运动感兴趣;有的人偏重在参与的过程中获得愉快的体验,有的人则热衷于收集与运动有关的各种信息。因此,在体育教学中,体育教师应善于挖掘出激发学生体育学习兴趣的有效方法,让学生对体育学习的内容具有一定的倾向,从而取得良好的教学效果。

二、体育学习兴趣的广泛性

体育学习兴趣的广泛性是指体育学习兴趣指向对象范围的大小。

在体育学习兴趣的广泛性上,人与人之间的差别是很大的。体育学习兴趣广泛的学生,会有意识地、主动地进行体育学习,将所学的运动知识和技能尽可能地应用到该项目的训练和练习当中,从而有助于提高其自身运动技能水平。同时,为掌握某项感兴趣的运动技能,学生会主动查阅相关资料,并寻求各方帮助,最终提高运动技能水平,取得好成绩。相反,如果学生的体育学习兴趣没有一定的广泛性,仅仅围绕运动项目本身进行练习,他不会深入地、多角度地对该运动进行学习,最终也只能是"一知半解",只了解运动技能的表面,但对深层次运动技能的结构与功能缺乏关注。因此,在教学过程中,体育教师应合理进行教学内容设计与课堂组织,尽量避免"照本宣科、满堂灌"的现象。另外,教师应注重培养学生自主学习和探究式学习,启发学生思考,努力扩宽学生的兴趣点,充分挖掘学生的知识深度,让学生更加喜欢体育运动。

三、体育学习兴趣的稳定性

体育学习兴趣的稳定性是指体育学习兴趣持续时间的长短,持续时间越长,表明兴趣的稳定性越强;持续时间越短则稳定性越弱。

【实践案例】

"无"女生,同样不篮球

似乎上了大学后,篮球这项运动俨然已成为男生最爱的代名词,而对于女生而言,往往会选择静态的、文雅的项目,比如体育舞蹈、羽毛球或是健美操。为的是不会受伤、不用出太多汗,也不必晒太多的太阳。对于体育课,也没有太多的想法,只要及格就好。

可是体育老师似乎发现了我的"小心思",一直劝说我和我的几个好朋友加入他的球队,因为学校要筹建一支女子篮球队。抱着试试看的心态,我们几个报了名,并在老师的引导下尝试着去学习。老师为了让我们尽快对篮球产生兴趣,把我们几个女生分在两队,和男生一起进行比赛。开始大家都不敢去接球,甚至躲在后面看。直到后来,看着那些老队员不顾"危险"地传球给我们,才带动了我们的积极性,于是所有女生都进入了状态。打完比赛,虽然出了一身汗,身体被晒得滚烫,但内心却无比兴奋、喜悦,那股拼搏、进取的团队精神深深地感染了我们每一个人!

从此以后,每节体育课,再没有一个女生因为这样或那样的理由不参加篮球比赛,渐渐地篮球成为了我们几个女生生活中不可缺少的一部分。

对于完成复杂而又艰巨的体育活动任务来说,稳定的体育学习兴趣往往使人能够获得别人难以掌握的运动知识和技能。稳定的体育学习兴趣可以让学生持续地坚持体育锻炼,不受其他因素的影响。即使在体育运动中受到了挫折也不会放弃,从而形成强有力的推动力,促使学生获得好的成绩。这种结果反过来又强化体育学习兴趣的稳定性,为体育学习提供更强的推动力。反之,如果一种体育学习兴趣很容易被另外一种兴趣所替代,那么体育学习将很难坚持下去,也就无法获得理想的成绩。

四、体育学习兴趣的效能

体育学习兴趣的效能是指体育学习兴趣对推动体育活动所产生的效果。根据运动的效能水平可分为积极效能和消极效能。积极的体育学习兴趣常常给人以巨大的力量,促进人自觉、主动地参与到自己感兴趣的体育活动,以便进一步了解和掌握相关的运动技能,即使在练习过程中遇到一些困难,也会尽力克服,获得成功的喜悦。反之,消极的体育学习兴趣则是一种被动的兴趣,缺乏参与体育活动的动力,难以获得实际的效果,是一种不良的、无效能的体育学习兴趣。

体育学习兴趣的效能高低主要表现在对实际行动的推动力大小,以及时间的长短上。因此,在教学过程中,培养学生高效能的体育学习兴趣,对促进学生更有效地参与体育运动,更好地掌握运动知识和技能、发展个性等方面都具有重要意义。

第三步　明确体育学习兴趣的分类

人的体育学习兴趣是多种多样的,可以根据不同的标准来分类。

一、根据体育学习兴趣的倾向性,可分为直接兴趣和间接兴趣

直接兴趣是出于对运动自身感到需要而产生的兴趣,如参与体育活动、观看体育比赛等。

间接兴趣不是对体育活动本身产生的兴趣,而是对体育活动的未来结果感到需要而产生的兴趣。

举例而言,同样对踢足球感兴趣的人,有的满足于参与足球运动的过程,有的则满足于通过足球运动来锻炼身体。前者是对足球运动的直接兴趣,后者则是对足球运动的间接兴趣。

具体而言,直接兴趣与间接兴趣之间既有联系又有区别,其区别主要表现在:

(1)直接兴趣与间接兴趣所需要的意志努力程度不一样。一般来说,在有直接兴趣的体育活动中,不需要或较少需要意志努力。

（2）直接兴趣和间接兴趣具有年龄差异。随着年龄的增长，学生的学习将由直接兴趣转向间接兴趣。

（3）直接兴趣和间接兴趣可以相互转化。在一定条件下，间接兴趣可以转化为直接兴趣。

二、根据体育学习兴趣的内容，可分为物质兴趣和精神兴趣

物质兴趣是以人的物质需要为基础的兴趣，主要表现在对运动用品的兴趣。精神兴趣是以人的精神需要为基础的兴趣，主要表现在对运动的偏好和渴望。

总体而言，一个人是有浓厚的精神兴趣，还是有强烈的物质兴趣，与他的理想、信念、价值观有密切的联系。

三、根据体育学习兴趣的广泛性，可分为广泛兴趣和中心兴趣

广泛兴趣是指对多项体育活动（如民族传统项目、技巧性运动等）或某一项体育运动多方面的事物或活动（如技战术、竞技心理、生理状况等）感兴趣；中心兴趣则是在广泛兴趣的基础上，对某一类（项）体育运动（如球类运动）或体育运动的某一方面（如运动生理）有特别浓厚而稳定的兴趣。

四、根据体育学习兴趣的深度、范围和稳定性，可分为有趣、乐趣和志趣

"有趣"阶段是体育学习兴趣的初级水平，属于原始的低层次兴趣。这种兴趣靠客观事物的吸引力维持，很不稳固，如新颖有趣的教学内容所引起的兴趣，是被动观赏性的兴趣，大多伴随产生兴趣的情景消失而很快下降，甚至消失。这个阶段的兴趣特点具有直觉性和不稳定性，如好奇心。

"乐趣"阶段是继发状态的中层次兴趣。"有趣"不断地发展积累，由量变引起质变，学生已由对事物外部特征的关注发展到对运动本质、内在联系的探究感兴趣，兴趣的稳定性逐步加强。

"志趣"阶段是完成状态的高层次兴趣，体育学习兴趣与个人志向相结合，即对体育运动技能及其基本用途的兴趣。兴趣有了自觉性、方向性，学生能在体育学习兴趣的调控下克服内外干扰。这时体育学习兴趣已转化为稳定的内部动机，甚至能影响到终身体育意识的形成。

学生体育学习兴趣的产生、发展和形成，一般都要经历"有趣—乐趣—志趣"3个阶段。志趣阶段也是体育学习兴趣培养的最终目标。

第四步　探讨体育学习兴趣的重要性

兴趣是一个人积极性的源泉。有研究表明，具有浓厚学习兴趣的学生，其学习成绩与智力高的学生相比，更占优势。也就是说，兴趣犹如"诱发剂"，吸引着人们全身心地投入某一活动或对某项事务的追求之中。

知之者不如好之者,好之者不如乐之者。 ——孔子

成功的秘诀在于兴趣。 ——杨振宁

我认为,对一切来说,只有热爱才是最好的教师,它远远超过责任感。 ——爱因斯坦

一个深广的心灵总是把兴趣的领域推广到无数事物上去。 ——黑格尔

学问必须合乎自己的兴趣,方才可以得益。 ——莎士比亚

兴趣像柴,可以点燃,也可以捣毁,兴趣因此在学生脑子里存在着。区别不在于学生有没有兴趣,而在于有的教师能点燃兴趣,有的教师却只能捣毁兴趣。 ——魏书生

一、体育学习兴趣提供强大的动力作用

【实践应用】

"兴趣"比"智力"更重要

美国的拉扎勒斯(A. L. Lazarus)等人的研究表明,兴趣比智力更能促进学生努力学习。他们将高中学生按照智力和兴趣分为智力组和兴趣组。智力组学生的平均智商为120,但对语文的阅读和写作不感兴趣;兴趣组学生的平均智商为107,但对语文的阅读和写作很感兴趣。这两组学生都必修阅读和写作课,在一学期的学习过程中,两组接受同样的测验。在学期结束时,兴趣组的成绩远远超过智力组。结果见表3-1。

表3-1 兴趣组和智力组的阅读和写作情况对比

组 别	平均每人阅读的书 / 本	平均每人所写的文章 / 篇
兴趣组	20.7	14.8
智力组	5.5	3.2
差 距	15.2	11.6

体育学习兴趣是体育学习的原动力,是一种心理倾向,并带有强烈的感情色彩,有助于人创造性地完成当前的活动。一个人只有有了兴趣,才会去做或坚持某件事情。强烈的兴趣能使人专注,一旦专注,就会以惊人的毅力忘我学习。运用在体育学习中,这些积极的情感体验可以激励自己的行为,使之成为体育学习的动力,加快运动知识和技能的掌握。

二、体育学习兴趣能培养学生的探究学习和创新能力

体育学习兴趣可以使人在不断进行体育锻炼和接受体育教育的过程中开阔视野,丰富自我,培养全面细致的观察力,发展丰富的想象力,提高创造性运动的能力。体育学习兴趣一旦得到激发,学生除了在课堂上学习到运动知识和技能以外,在课外会主动邀请同伴参与相关的体育活动,并尝试将所学其他学科的知识运用在体育学习中,不断构建新的知识和技能,从而进一步

在体育锻炼中获得更大的益处。

三、体育学习兴趣可以实现终身体育

人们对于感兴趣的活动给予持久、集中的注意,从而保持清晰的感知、周密的思考、牢固的记忆。也就是说,学生一旦对体育运动产生了兴趣,不管遇到多大的困难,都会努力克服,同时也会产生愉快的情感体验,以致终身都能积极主动地坚持体育锻炼。

基于此,激发学生的体育学习兴趣,无论是对提高学生的运动技能水平,还是培养学生的创新精神都是至关重要的。作为体育老师,应该不断提高教学水平,改进教学方法,利用教学的各个环节培养学生的体育学习兴趣,激发学生的体育学习热情,提高体育学习的效果。

单元二 探究如何在体育活动中培养学生的体育学习兴趣

第一步 学习影响体育学习兴趣的主要因素

一、运动需要的满足

运动需要主要指学生对体育运动的自身价值所产生的一种渴求趋势,或想掌握某项体育运动技能的一种需要。值得注意的是,学生的运动需要是其体育学习兴趣得以激发与培养的源泉,一旦运动需要得到满足,就会产生运动愉快感,从而激发体育学习兴趣,对体育运动表现出极大的学习和参与热情。

二、现有的运动技能水平

学生学习兴趣的形成也有赖于其掌握知识的深度和广度。在体育教学中,影响学生体育学习兴趣形成与发展的重要因素,主要在于运动技能水平的高低。只有学好运动技术并不断提高运动技能,才能真正体验到运动的乐趣,体育学习兴趣才会越来越高。

三、运动内容的新奇性与适合性

兴趣的产生主要"来自刺激的新异性和变化性",而刺激的新异性和变化性,往往造成客观事物与主观预期存在差距。正是这种不平衡感使人产生了一种好奇,产生进一步探索事物底蕴的渴望。

四、成功体验的获得

体育学习兴趣是体育学习获得成功的动力,而体育学习的成功又是激发和提高体育学习兴趣的主要因素之一。每当学生掌握了新的运动技能、实现目标的时候,就会感受到随之而来的喜悦、欢快的情感、心理上的满足,这是积极的情绪体验。这种体验反过来又会形成一种继续满足需要的追求,从而产生更高水平的兴趣,产生进一步学习的意识倾向。随着不断地获取成功,成功的满足不断地转化为体育学习兴趣,即成功—兴趣—更大成功—更浓厚的兴趣的发展过程,体育学习兴趣就不断地得到强化和巩固,形成良性循环。

五、融洽的师生关系

教育心理学的研究表明,融洽的师生关系直接影响学生的学习情绪,师生心理相容能提高教学效果。学生常常会为其所喜欢的教师而努力学习。如果教师能够与学生建立一种友好合作的关系,有利于增进相互间的感情,提高体育学习兴趣。

由此可见,体育教师一方面要努力提高自己的师德修养和业务水平,在学生中塑造自己的良好形象;另一方面,体育教师必须热爱学生,关心学生,成为学生体育学习的"组织者、参与者、帮助者、引导者、促进者",努力营造一个师生心理相容的良好环境。

第二步　制定正确激发学生体育学习兴趣的策略

兴趣是在后天的社会实践活动中形成和发展的,它可以在后天的社会活动中改变。培养和激发学生的体育兴趣,主要通过体育活动实践。在学校体育中,可以通过体育教学、课外体育活动和科学训练以及结合社会和家庭教育多种途径来培养和激发学生的体育兴趣。

一、加强对学生体育学习兴趣的引导和培养

长期以来体育课教学中学生的体育学习兴趣不高,出现学生"喜欢体育但不喜欢体育课"的现象,造成学生体育学习兴趣不高,体育学习积极性下降,很大程度上在于学校教育严重忽视学生的运动需要。因此,在教学过程中,体育教师首先应了解学生在体育学习中有哪些需要,进行体育学习目的教育,旨在使学生明确运动的意义,增强学生的学习责任感,这是明确和提高体育学习兴趣的必要条件。同时,在充分尊重学生运动需要的基础上,寻找适合学生运动需求的内容,激发和培养学生的体育学习兴趣,使学生产生一种心理内驱力,并最大限度地发挥主观能动性。

其次,由于学生所处的阶段,造成学生对运动的兴趣并非都是正确的。这与学生的体育认知水平、对体育课的认识、学生群体的影响和个人经验有关。另一方面,学生对运动的兴趣也并非一成不变。有时,学生对某项运动原本缺乏兴趣,但经过教学后,掌握和提高了运动技能,就能逐渐体验到该项运动的乐趣,甚至热爱上这项运动。因此,在体育教学过程中,教师要善于引导,激发学生广泛的体育学习兴趣,为学生由体育学习兴趣向运动习惯的转变打好基础。

二、重视运动技术教学,不断更新教学方法

新颖的教学内容、灵活多样的教学方法以及教师生动有趣的语言,都能引起学生对新异刺激的积极探究。正是由于过去在运动技术教学中缺乏对教学内容的深入研究,缺乏对教材教法的深入钻研,使运动技术显得浅、碎、乱,使学生不能真正体验到掌握和提高运动技能的成就感,造成学生缺乏体育学习兴趣,无法让学生感到"有趣、有味、有奇、有惑"。因此,要防止简单、肤浅、低俗的游戏和无原则、无内容、无意义的"表扬",不能只从形式上取悦学生,而要静下心来,把精力放在教材教法的研究、学理的探讨和对学生心理特点的了解上,努力提高教学质量。

此外,现代科技的飞速发展,让学生拥有了更加多元的需求。作为教师也应与时俱进,不断更新教学方法,以满足学生的需要,要重视教材内容之间的逻辑联系,组织严谨,在此基础上尽可能采用灵活多变的教学方法,选择新颖、具有吸引力的学习内容,激发学生的体育学习兴趣,提高他们的体育学习欲望,使他们积极主动地参与到体育运动中。其次,体育教师应结合学生身心发展特点及兴趣爱好等方面安排学习内容,掌握打开学生心灵的"金钥匙",以激发学生的体育学习兴趣,使他们变被动学习为主动学习,促进他们体育运动行为的形成与发展。

激发学生体育学习兴趣的方法如下所述。

1.成功教学法

苏霍姆林斯基指出:"只有在学习获得成功而产生鼓舞的地方,才会出现学习兴趣。"因此,要使学生产生体育学习兴趣,就必须设法使他们在体育学习中获得成功。如在进行背越式跳高教学时,可以用橡皮筋代替竹竿,以减少学生的焦虑,从而能够较容易跳过去,这种成功的体验会使学生对跳高产生兴趣,更加积极地投入体育学习。

2.愉快教学法

贯彻愉快教学法的关键是老师。愉快教学法的宗旨是让学生在体育运动中体验到快乐,满足其趋乐避苦的需求,从而产生体育学习兴趣。

3.需要满足法

青少年时期的学生,活泼好动,自我约束能力差,注意力易分散,渴望在课程上内容常新。这就要求教师在认真贯彻教学大纲的前提下,尽量在"新"字上下功夫,力求在内容安排上体现新颖性,充分体现体育课的活动性、游戏性和娱乐性,提高学生的学习兴趣。

4.教学"引趣"法

体育学习兴趣离不开教师的引导和环境因素的诱发。教学中持续"引趣"是引起学生愉快体验并逐渐形成体育学习兴趣的重要条件。教师在执行教学任务的过程中应注意引趣因素的运用:

(1)新颖教法引趣——教法灵活多变,有新奇感。

(2)教学用语引趣——生动形象的技能讲解,热情、简洁、幽默的教学用语。

(3)运动示范引趣——示范动作准确、熟练、规范、轻快、舒展。

(4)竞赛活动引趣——多种形式的教学比赛或游戏。

（5）设置疑难引趣——开始上课设疑、教材难点设疑、新学和学动作设疑。

（6）体育信息引趣——优秀运动员为国争光事迹、世界体育明星图片等。

【实践案例】

从"新"贴烧饼想到的

体育课上带准备活动的学生，根据自己预先准备的内容开始带操，这节课的内容是做一个游戏——"贴烧饼"。

其余的学生：唉，又是"贴烧饼"，真……运动。

老师边看学生练习边思考：学生　　　　　　的游戏，很是无奈，就像是例行公事，这个游戏学生已经玩了无数遍了，简单的　　　　　　就实在是太枯燥了。为什么不以这个游戏为例，做些改变来激发学生的创新？

老师：你们觉得做这个游戏开……

学生：（大声地）不—开—心……

老师：那下面就以这个游戏，每位学生积极……动脑筋，用你们的聪明才智改编游戏条件、方法、规则，使游戏有新意，让同学们做起来有乐趣、开心。以班级为单位分两组，游戏结束进行评比，看哪个组创编得又多又好。要求每组有两种以上的方法，下面就开始。

学生：啊？

老师在想：这时候我假如问他们好不好，他们肯定说不好。

学生们在积极地思考着，热烈地讨论着，并尝试着，气氛热烈。老师到每个组适当给予一点提示，一点建议，或者是一点点点拨和鼓励。

老师：时间到，下面开始展示和评比。

甲组：改变了追跑的方式，用竞走。她们走不像走，跑不像跑，学生大笑。

乙组：改变规则，把被贴者从逃改为追。演示很有趣，学生一时来不及反应，因为以前已经形成了定势，一时笑声满堂。

甲组：我们还有更好的，双圆变单圆，贴者做手势，向上表示被贴者逃；向左，左面的同学逃；向右，右面的同学逃。

甲组学生的反应能力很强，相关的五位学生的注意力非常集中。乙组的学生不得不鼓起掌来。

乙组：老师，我们还有，就是由跑变跳，规定单脚或双脚，或者像武大郎那样的矮子步走。

老师总结："贴烧饼"这个很老的游戏，在今天，被同学们赋予了新的内涵，说明同学们只要真正开动脑筋，就会有意想不到的收获。真正体会到玩在其中，乐在其中。

三、正确客观地对学生的运动技能进行评价

要提高学生的体育学习兴趣，教师要用各种有效的手段和方法去激发学生的体育学习兴趣，让学生在学习技术时按照符合教学规律的"程序"和"要求"去做，"一步步地进行练习"，并在教师的启发引导下充分发挥学生学习的主观能动性。

在学生获得成功体验的同时,教师也应对学生的体育学习作出合理的评价。合理的评价、适当的表扬与批评,就是对学生的学习活动予以肯定或否定的强化,也是巩固和发展学生正确的体育学习动机。通过评价,对掌握运动技能好的学生加以肯定并指出其不足,可以使他们得到鼓舞,进一步提高其体育学习兴趣;对掌握运动技能较差的学生,诚恳地指出其存在的问题,帮助他们进行正确的归因和改进学习方法,教育他们要敢于面对困难,敢于挑战自我,并给予信任和期待,就可以使他们了解自己的差距,明确自己的努力方向,以顽强的意志战胜困难。从体育学习中不断体验到成功,产生满足感,增强学习自信心,形成良性循环。

一般来说,表扬、鼓励比批评、指责能更有效地激励学生积极的体育学习动机。因为前者能使学生产生成就感,后者则会挫伤学生的自尊心和自信心。总之,在教学过程中,体育教师要积极促使学生形成体育学习兴趣,使学生在轻松愉快的氛围中获得运动知识和技能,巩固和发展体育学习兴趣。

【经典实验】

鼓励的"力量"

心理学家赫洛克(E. B. Hun-lock)曾做过一个实验,他把106名四、五年级的学生分成4个组,在4种不同诱因的情况下进行加法练习,每天15分钟,共进行5天。第1组为受表扬组,每次练习后给予表扬和鼓励;第2组为受训斥组,每次练习后,严加训斥;第3组为被忽视组,每次练习后,既不给予表扬,也不给予批评,完全不注意他们,只让其静听其他2组受表扬和挨批评;第4组为控制组,让他们与另外3组隔离,单独练习,不予任何评价。然后探察不同诱因所起的作用。结果如图3-1所示,就学习的平均成绩来看,3个实验组的成绩均优于控制组。受表扬组与受训斥组的成绩又明显优于被忽视组,而受表扬组的成绩不断上升。

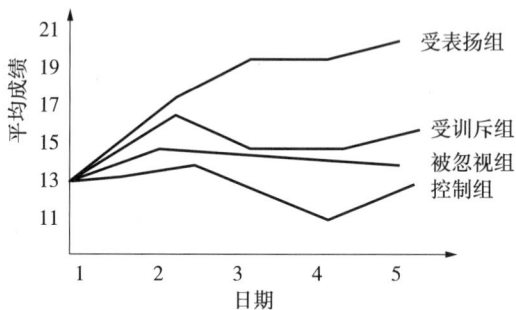

图3-1 不同诱因对算数成绩的影响

引自:赵章留.论学习兴趣的培养[J].衡水师专学报,2003(1):69-72.

对学习结果进行评价,能强化学习动机,对学习起到促进作用。适当表扬的效果明显优于批评,而批评的效果比不予任何评价要好。因此,教师在评价学生时务必要客观、公正、恰到好处,既要赏罚分明、以理服人,又要注意学生的年龄特征与性格特征,这样才能达到预期的教学效果。

任务小结 —— 体育学习兴趣是人们积极地认识、探究或参与体育运动的一种心理倾向,是主动获得体育与健康知识和技能,促进身心健康的重要动力。

在日常生活中,人们往往把体育学习兴趣与运动爱好当作一回事,实际上是有一定的区别的。当体育学习兴趣发展成为从事某种体育活动的倾向时,体育学习兴趣便发展成为运动爱好。

体育学习兴趣具有倾向性、广泛性、稳定性。

人的体育学习兴趣是多种多样的,根据体育学习兴趣的倾向性,可分为直接兴趣和间接兴趣;根据体育学习兴趣的内容,可分为物质兴趣和精神兴趣;根据体育学习兴趣的广泛性,可分为广泛兴趣和中心兴趣;根据体育学习兴趣的深度、范围和稳定性,可分为有趣、乐趣和志趣。

培养学生的体育学习兴趣,能够给学生进行体育学习注入强大的动力,同时,能够培养学生的探究学习和创新能力,为实现终身体育打下良好的基础。

影响体育学习兴趣水平的主要因素有以下几个:①运动需要的满足;②现有运动技能水平;③运动内容的新奇性与适合性;④成功体验的获得;⑤融洽的师生关系。

思考题 —— 1.为什么在传统的体育教学中会出现学生"喜欢体育而不喜欢体育课"的现象?

2.应该如何做,才能激发并提高学生的体育学习兴趣?

【推荐阅读】

[1] Richard H. Cox. 运动心理学——概念与应用 [M]. 张力为,张禹,牛曼漪,等,译. 北京:清华大学出版社.2003.

本书共分七章,主要内容包括运动心理学导论,体育运动的动机问题,运动员的唤醒、注意与人格,与焦虑和心情有关的情感因素,认知干预和行为干预,运动社会心理学,体育运动生物心理学等。

[2] 张力为,毛志雄. 体育科学常用心理量表评定手册 [M]. 北京:北京体育大学出版社,2010.

本书是一本实用性很强的工具书。全书分为两大部分。第一部分介绍了 9 类 54 种体育科学常用的心理量表。第二部分讨论了心理测验的重要基础知识,包括信度、效度、计算与评价,量表的制作程序,移植外国量表的问题,以及调查研究方法的一些新的思路。

任务四
端正学生体育学习的态度

【学习目标】

1.理解体育学习态度的概念、体育学习态度转变的理论。

2.明确体育学习态度的构成成分、影响体育学习态度的因素。

3.学会端正体育学习态度的方法。

【关键词】

体育学习态度　体育价值　体育学习态度的形成　体育学习态度的转变

【导入案例】

态度决定一切

在中国,相信无论是老人还是小孩,无论是不是足球迷,估计都听说过神奇教练米卢,在历任中国男子足球队教练期间,博拉·米卢蒂诺维奇一定是公认的最成功的主帅。因为到目前为止,历经多次冲击世界杯,只有他率领的中国队杀入了世界杯决赛圈。虽然他在中国执教期间人们对他的争议很大,比方说,他的球队当时签位好云云,但是他留给中国队的这句话——态度决定一切!——却闪耀着迷人的运动智慧。虽然说态度决定一切这句话最先并不是来自米卢,而是美国作家罗曼·V.皮尔曾经写的《态度决定一切》的书,但其在中国广为流传确是在米卢上任以后。

作为一名教练,他看足球比赛不光是看场上的90分钟,他喜欢观察一切别人不关心的细节,特别是在90分钟比赛之外。在中场休息的时候,中国的替补队员走进场内热身,他不能理解的是,那些替补球员在热身时,动作是懒洋洋的,完全无所谓,看不出他们在随时等待着被换上场参加比赛,看不到一点紧张和兴奋。说明什么?说明没有作好去战斗的准备。上场的球员也没有表现出激情和斗志,他看不到他们像战士一样去战斗。态度决定一切,当时的中国球员在态度上有问题:不兴奋,反应慢。为什么态度会出现问题?因为他们不快乐!中国队为什么总在开会?比赛日的中午还要训练?不给他们自由,球员会快乐吗?不快乐,就没有正确的态度,没有正确的态度,到了比赛的时候,就只剩下压力。

球队团结气氛的建设,比战术重要。球队内部可能有这样那样的问题,不可能每个人都满意。但至少要保证球员是快乐的,才能让他们在场上的态度是正确的。当然,每个教练都有自己的战术,但他认为,对于一支球队而言,首要问题不是战术,而是态度。

从上述案例可知,体育态度将影响着个体及群体的体育价值,积极的体育态度将有助于体育目标的达成与实现。同样,体育学习态度的形成与端正,影响着体育学习和锻炼行为及其对锻炼者所产生的身心效果。那么,什么是体育学习态度?体育学习的态度如何形成?怎样转变体育学习过程中的态度?本章将围绕这些问题展开阐述。

单元一 学习端正体育学习态度所需要具备的理论基础

第一步 理解体育学习态度的内涵

一、体育学习态度的内涵

(一)态度的概念

态度是个体对待外界对象(包括人和事物)较为稳固的,由认知、情感、行为意向三种成分构成的内在心理倾向。它是在后天的社会生活和实践中习得的,常常指向具体对象。它是一种内在的,处于个体与外界之间的中介因素,可从外显行为中加以推测。它一旦形成,就具有一定的稳定性,对人的行为产生方向性和动力性的影响。

学习态度是学生态度体系中起主导作用的态度,当针对具体某门学科、某门课程来讲学习态度时,指在整个学习态度体系中较具体、较狭窄的一种次一级的学习态度。如"英语学习态度""数学学习态度""体育学习态度"等,它是一个学生对具体的一门课的较为持久的肯定或否定的行为倾向或内部反应的准备状态。

(二)体育学习态度

体育学习态度是学生对体育学习和锻炼活动所持有的认知评价、情感体验和行为意向的综合表现,它是学生对体育学习表现出的喜好、兴趣等,影响其对体育学习作出热爱或疏离等行为的选择。它不是学生实际的体育行为反应,而是学生头脑中存在的一种"内部状态",是运动行为反应的倾向性或准备状态,它可增大学生体育参与行为表现的可能性。

体育学习态度也是体育活动动力调节系统的重要心理成分,是学生在成长过程中受社会环境影响所形成的,从一定的直接经验和间接经验中习得的。它指向具体的体育活动项目、内容和方法,形成后会对个体的体育参与行为及其效果产生重要的影响。体育学习态度在一定程度上是可以培养和转变的,体育教师在教学过程中可以就体育课的地位、作用、内容、形式对学生加强教育和引导,运用多种教学手段和方法、生动活泼的授课形式,为学生提供观察和模仿的良好动力。

二、体育学习态度的构成

(一)体育学习态度的认知成分

体育学习态度的认知成分是个体对体育的知觉、理解、信念和评价。它不仅包括对人或事的了解,还包括对它的评价、赞同或反对。如"体育锻炼可以强身健体、振奋精神,应经常坚持",属于对体育的赞同态度;而"只要身体没有生病,参加体育锻炼太浪费时间和精力",则是在认知上对体育持否定的态度。

(二)体育学习态度的情感成分

体育学习态度的情感成分是个体对体育学习在认知的基础上产生的情绪情感体验,如对体育学习的喜欢与厌恶、热爱与冷淡、愉快与不满等。有些人对参与体育活动是喜爱甚至迷恋,有的人可能对体育活动缺乏热情,这都是态度的情感反应。由于感情的作用,使态度扎根于情感之中,而且变得很持久。

(三)体育学习态度的意向成分

体育学习态度的意向成分是个体对体育学习的反应倾向,是由认知和情感成分所决定的,它是行为的准备状态,是态度与行为的联系部分。如在体育活动中是愿意采取积极主动行为还是被动消极完成动作,都是体育学习态度的意向表现。

一般来说,体育学习态度的三个成分是协调一致的,此时能够认识到体育在强身健体上的意义和价值,热爱体育并积极参与。但有时体育学习态度的三个要素并不协调一致。研究表明:三个成分之间的相互关联程度是不同的。情感与行为倾向的相关程度高于认识与行为倾向或情感与认识的相关程度。例如,一个对体育活动的价值评价很高,但不喜欢体育锻炼的人,往往在参加体育活动时不会竭尽全力;而缺乏评价能力却对体育活动有好感的人,参加体育活动却全力以赴。这就说明,当认知成分和情感成分不一致时,一般来说,情感成分就决定了行为倾向。由此可见,情感在态度中占有十分重要的地位,它是态度的重要成分,态度的培养应该重视情感成分的感染和熏陶。

第二步　体育学习态度的认知基础

学习态度是根本,态度决定了一切。虽然态度是一种内在的心理现象,但它同时又是外界与个体反应之间的中介因素,它影响着体育活动的效果和效率。学生的体育学习态度受他们对体育活动价值认知的影响。体育价值是个体对体育活动功能和意义的认识。个体对体育活动价值的认识不同就会产生不同的体育态度。因此,体育价值观是体育态度的认知基础。美国心理学家凯尼恩(Kenyon,1968)经过研究,提出了体育活动具有六个价值(图4-1),即健康和健身、社会交往、感官刺激、美感体验、情绪宣泄和磨炼意志。

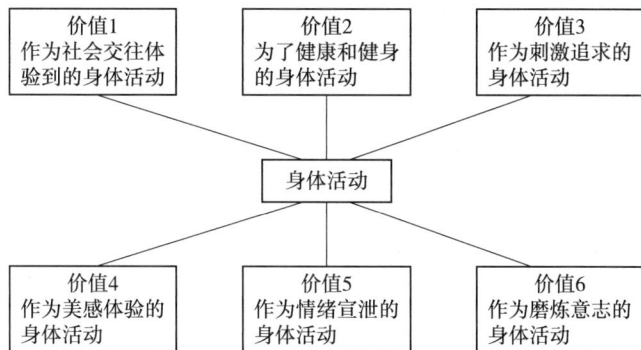

图 4-1　体育活动的六个价值

(一)社会交往的价值

有些个体愿意参加体育活动是因为他们认为体育活动可以提供社会交往的场所和机会,能够满足他们的社会交往需要。

(二)健康和健身的价值

大多数个体参加体育活动是因为体育活动可以发展和提高身体能力、保持体形和美化外貌。

(三)感官刺激的价值

基扬曾使用"使人眩晕"一词来解释具有快速变向或变速特点的冒险、危险或令人心颤的体育活动对人的感官刺激的价值。有些人喜欢从事新奇、独特、危险的体育活动,是因为这些活动能够引起心理上的异常兴奋和紧张,在活动中能够体验到强烈的心理刺激,产生特殊的快感。

(四)美感体验的价值

体育活动存在着美,它可以满足人们审美的需要。当个体以优美的姿势完成体育动作时,会自然而然地产生协调、舒展、优雅、流畅行为美的体验。

(五)情绪宣泄的价值

从事体育活动可以释放出由心理原因而积压起来的生理能量,排除不良情绪对人的影响。

(六)磨炼意志的价值

参加体育活动往往要克服个体生理或心理上的障碍,同时还要克服外部的各种困难。因此,在体育活动中,个体的意志品质将得到极大的锻炼。

信念和评价能力是提高学生认知水平的重要方面。锻炼信念属于一种稳定性的心理动机,是推动个人体育运动行为的一种强大的力量。学生学习和掌握体育与健康知识、运动技能和锻炼方法只有转化为信念时,才能构成态度的重要结构。由此可见,锻炼信念是体育与健康知识、技能和方法深化的结果。体育评价是应用已有的体育知识、技能和方法对体育运动行为和效果进行分析、判断的过程。评价既可以提高学生的分析能力,也可以巩固和扩展学生的体育运动行为经验。而且,评价是从他律到自律,从效果到动机,从片面到全面的过程。

第三步　明确体育学习态度形成与转变的理论

一、体育学习态度的形成

从态度的形成方式上来看,态度是在交往或者实践中习得的。态度可以以社会认同或者不认同的奖惩,按照一定条件学习形成。所以态度有时是可以按照教育者的某些要求,或言语暗示,经过有条件学习而形成的。因此,学生在体育活动中有必要养成良好的体育学习态度,为增强体育意识打下坚实的基础。

体育学习态度的形成实际是学生在体育学习过程中通过和他人或者群体的交往而习得的。这一形成过程受到信息、强化、模仿、团体的期望与规定等因素的影响。学生体育学习态度的形成受到学生在体育学习过程中所获得的信息或者知识的影响,这些影响来自体育老师、同学、学校以及所从事的体育学习项目本身。在获得体育学习信息和知识的同时,学生同样学习到了和这些信息、知识相关的情感。把体育学习的历程运用到体育态度的形成上,就是"当两刺激同时出现时形成的一种联结过程,态度也是经过联结或联想而获得的"。

学生对体育学习也同样有这样一个过程,了解体育学习的特性并予以评价,作为一个刺激,再把体育学习本身这一对象作为一个刺激。通过这两个刺激相联结的过程,学生就获得了认知成分与情感成分,由此就形成了对体育学习这一对象的一种态度。我们可以通过依据刺激、反应与强化方式之间的关系,安排或者选择适当的刺激来引起相应的反应,并使用强化的方式来增强相应的反应去形成某一种态度。

二、体育学习态度的转变

有些学生对体育活动存在偏见,其中包括对体育课的地位、作用、内容、形式及对体育教师的偏见,认为体育课没有其他课程重要,甚至可有可无;体育活动就是跑跑步、做做操、玩玩球,没有什么其他的作用等。教师要及时纠正学生不正确的体育态度。体育学习态度的转变包括方向和强度两个方面。从消极转向积极,这是方向上的转变;从较积极转向很积极,这是强度上的转变。方向上的转变与强度上的转变密切相关。从一个极端转变到另一个极端,既是方向上的转变,又是强度上的转变。

根据凯尔曼(Kelman,1958)态度改变三阶段理论,不良体育态度的转变过程应包括下述阶段。

1.顺从阶段

顺从阶段是指个体为了达到某种目的而采取的表面上符合他人的行为,也就是说,个体虽然表面上顺从了,但是这并不是其愿意的,在个人的意向上是拒绝的,只是暂时迫于外在以及自己无法改变的强制力量而采取的妥协之策。在这一阶段,体育教师、学生的家长应该多多鼓励学生参与体育学习的行为,并且要让他们都知道体育学习是生活中不可或缺的一部分。另外,教师和家长要引导学生多了解与体育相关的知识,积极参加户外活动,观看体育比赛等。

2.同化阶段

同化阶段是指个体自愿地改变自己的想法和言行举止使其与个体所认可的态度和思想言行相统一。我们其实在很多时候都是按照周围其他角色的态度指引形成我们自己的行动与思想。在态度形成的这一个阶段里,应该多安排一些使学生从体育学习中获得快乐的体育学习内容,让其在学习过程中获得成功的喜悦。在认同阶段,学生的体育学习行为并非完全取决于外部因素,在此阶段,学生对体育学习的情感上的转变以及体育学习内容本身对学生是否有吸引力也是至关重要的。

3.内化阶段

内化阶段是将个体自己所了解的新观点和原有的旧态度与旧思想有机地组合在一起进而成为个体自己态度的一部分。众所周知,人类社会是由很多集体构成的,每个集体为了自己的生存与正常的活动就必须具有一定的活动法则,但是并不是每个集体都有这些规则或从一开始都有完备的法则,这就要求集体成员在很多时候都要自觉地遵照其他社会集体态度来行动从而使整个社会有序发展。基于此,学生在这个阶段,会逐渐地转变体育学习的态度,它也是个体对体育活动行为价值认识的提高,即学生体育学习态度的认知、情感与行为倾向协调一致的过程。

根据态度转变的三阶段理论:体育学习态度的转变需要一个过程,并非一朝一夕能够解决;在态度转变的初期,个体的掩饰行为较多,教师和家长需加以识别。然后对符合目标的行为给予及时鼓励,进一步明确和强化其体育学习态度。

第四步　探讨终身体育学习态度的意义与作用

体育认知是指体育参与者对体育的了解程度。它是体育意识的源泉和基础。因此,掌握足够多的体育知识,对其形成体育学习态度、终身体育意识具有极大的促进作用。体育同样具有身心健康的价值,其中青少年参加体育活动的目的更指向于体育活动的兴趣上,注重的是心理效益。因此,体育教师在安排体育活动的内容时,若只单纯考虑运动技术的传授和"体质教育",而忽略体育活动的其他功能和价值,这种教学指导方针将成为学生继续参加体育学习和锻炼的最大障碍。

目前,学习体育知识、运动技能和锻炼方法是增强学生体育态度的主要方式。然而,对于运动技术的学习、加强体能的锻炼是需要毅力的,教师要帮助学生克服困难,增强学生的自信心。此外,教师要根据学生的身体条件、个体的兴趣和需要,有针对性地选用体育活动的内容和方法,提高学生的认识水平。

体育学习态度的研究主要采用问卷分析的方法,如《大学生体育态度调查问卷》中有关体育态度的题目有 20 个,其中反映体育认知、体育情感的题目各 7 个,反映体育行为意向的题目有 6 个。从完全符合到完全不符合,采用 5 级评分法计分。体育认知、体育情感、体育行为意向得分幅度分别为 7 ~ 35 分、7 ~ 35 分、6 ~ 30 分,体育态度总得分幅度为 20 ~ 100 分。总分 ≥ 85:积极态度;84 ~ 75 分:良好态度;74 ~ 60 分:一般态度; < 60 分:消极态度。

另一个《大学生体育态度调查问卷》从不同的角度、不同的层次对大学生体育态度进行调查。为了更深层次地了解大学生体育态度的结构和方向,我们将这 22 个条目分为 3 类,即体育认知、体育情感、体育行为倾向 3 个维度,在这 22 个条目中,每个条目有 5 个备选项,每个选项分别代表着 1 ~ 5 分。体育态度满分为 110 分,及格分为 66 分,当所得分值大于或等于及格分则判定该学生在体育态度上趋向积极肯定的方向。体育态度各个维度分值标准分别为:体育认知满分为 50 分,及格为 30 分;体育情感与体育行为倾向满分均为 30 分,及格均为 18 分。

单元二　学习如何端正体育学习的态度

第一步　探讨体育学习态度的影响因素

体育学习态度的形成是一个连续的、渐进的由量变到质变的过程。它受到多种因素的影响和制约,如社会环境、学校环境、家庭环境,所接触的重要人物如教师、家长、同学,更重要的是自己所从事的体育实践活动、课外体育活动等,可归纳为以下 3 个方面。

1.体育知识与信息

体育学习态度的形成受到个人所具有的体育方面(价值、意义、具体事例)知识与信息的影响。懂得体育活动重要性的人,更容易形成积极的体育学习态度。

2.体育参与需要

体育学习态度是在满足体育参与需要的基础上形成的,当个体出现该种需要时,就会对与之有关的事物(如社会环境线索、学校具备的体育活动条件或活动等)进行关注,对能满足需要或能帮助自己实现目标的对象会产生肯定态度,反之亦然。体育学习态度中的情感成分大都与体育活动需要的满足有关。

3.群体期望与规范

个人的体育学习态度与自己所属的群体有很大关系,如同一个班、同一个学校或同一个运动队的成员接受相同的知识,成员间的相互认同,要遵守同一群体的行为规范,无形中也会受到群体的压力影响等。

第二步　学习端正体育学习态度时应注意的问题及建议

一、转变与端正体育学习态度时应注意的问题

影响学生体育学习态度转变的因素有很多,其中包括家庭、社会、学校、班集体和同伴小团体等学生自身之外的因素,以及年龄、性别、受教育程度、心理认知等学生自身的一些因素。体育学习态度转变所依赖的主要条件是:

(1)劝说与劝说者的态度。学生将正确的体育观点和信念内化到自己的价值体系之中是体育态度转变的最终目的,因而大量的说服教育工作是必不可少的。在劝说过程中,体育教师要针对学生的理解能力提出明确的观点,运用大量形象、生动、具体的事实论据,说理论证,以理服人、以情动人。积极传导体育活动的价值、意义。在学生的体育态度发生转变时,以友好、诚恳、坚定的态度劝说学生。教师在劝说时应注意平等相待、以诚相待、区别对待、热情耐心、深入浅出、循序渐进。

(2)逐步提高要求。学生的体育态度与要求的态度之间距离的大小是影响体育学习态度转变的另一个重要因素。如果两者之间的差距大,体育学习态度转变的难度就大,且易产生异化转变;如果两者之间的差距小,则转变难度小,且易产生同化转变,即学生可能不自觉地缩小了自己的态度、行为与体育教师提出的转变要求之间的差距。所以,教师应当首先了解学生现有的体育学习态度,提出能够让其达到的转变方法。若急于求成,过早或过高地提出不切实际的要求,将会适得其反,还使学生产生对立情绪。

(3)学生的体育活动实践。体育活动的实践可影响态度的转变,这是因为在体育实践活动中,学生可以转变体育活动的价值观念,体验到过去没有感受到的喜悦。基于此,教师在安排体育态度消极学生的体育活动内容时,应首先考虑学生能否从体育活动实践中获得乐趣、取得进步、达到目标。这对他们体育态度的转变至关重要。

(4)必要的体育活动规章制度和严格的要求。在体育学习态度转变的初期,教师要明确体育学习活动的规章制度、指导学生进行体育锻炼,这对提高学生的行为规范观念是有效的。教师应对具有符合规范的态度和行为的学生给予鼓励,对有不符合规范的态度和行为的学生加以制止和纠正。教师的要求与规定的一致性程度越高,学生的体育学习态度和行为改变的可能性就越大。

二、转变体育学习态度的建议

(一)在体育教学中引导学生的体育学习态度

在学校体育教育中,教师要引导学生形成正确的体育学习态度,拓展学生的体育项目,提高他们的学习兴趣。并针对不同学生开设不同的体育项目,如男生倾向于激烈的对抗性活动,如篮球、足球、网球等。女生倾向于有音乐、节律性、组织性的集体活动,如健美操、体育舞蹈等。学生由于个体素质的不同,在体育技能学习上难以设定统一的考核标准,此时教师应对不同级别的班级进行排课,同时加强体育理论教学,进而增强其自信心,对其端正体育态度起到有力的支撑。

(二)丰富校园体育文化,转变学生体育学习态度

充分利用学校体育环境,优化校园俱乐部(或社团),多开展各项体育比赛,举办体育节等丰富的课外体育活动。让学生的体育理论与实践相结合,进而提高其体育活动的参与度,使学生获得良好的运动体验并提高其体育人文素养。不断激发学生的体育兴趣,促进体育学习态度的转变,让体育真正融入生活,把参与体育活动看成是伴随一生的自觉追求。

(三)充分利用大众媒体,积极开展体育宣传活动

学生要形成热爱体育运动、团结奋进、积极向上的人生态度。并根据自己从事体育活动的感受,找出热爱的体育项目,培养兴趣。此外,学生应充分认识校园体育活动氛围对大学生参与课外体育活动的重要性,构建属于自己的校园运动文化特色。在课余时间主动举办体育交流活动,倡导让每个学生掌握一至二项终身锻炼身体的技能和方法,增强学生参与体育锻炼的积极性和扩大学生的参与面。

(四)充分发挥学生积极的体育学习态度的优势

学校要更多地关注学生课外体育活动的开展,成立一些有积极带头作用的体育类社团,组织课外体育活动的开展,扩充课外活动内容。对于有体育锻炼习惯的学生,可组织体育竞赛,使其保持良好的运动习惯。

(五)乐中学与练

学生学习和掌握运动技能,增强体能,无疑是促进身体健康的主要途径。然而,单调乏味的学与练,对在初始阶段的广大青少年学生来说,并非他们真正的需要,如为了体育考试而学而练,考后不练,学而无用,甚至一开始就产生了不愉快的情绪等,这实际上是在情感上对体育学习和锻炼持否定态度。对于在初始的体育学习和锻炼中的学生而言,"乐"能给他们带来心理需求的满足,如有的教师在健美操教学中编制富有节奏感、带有时代风格的成套动作,并在旋律优美的音乐伴奏下,学生练得高兴、快乐、不知疲倦,脸上还流露出愉快的笑容,而且课后还能主动地创造条件进行练习等,这实际上是学生在情感方面所持的肯定态度。

（六）正确对待学练中的成功与失败

体育教学过程中充满着成功与失败的体验。体育基础较差的学生,难免会造成练习的失败。对于这些"差生",体育教师首先应善于捕捉学生的情绪体验,在语言的使用上,多用肯定鼓励的语言代替否定责备的语言,使学生内心深处体会到教师的关心、理解,从而引起情感的共鸣;其次要构建一些适合"困难"学生的教法,鼓励他们积极练习,以完成预期的教学任务。当然,对那些能顺利轻松完成教学任务的学生,也要教育他们不要骄傲自大、轻视别人,并布置一些更难的内容让他们去学习。

任务小结

体育学习态度是指个体对体育活动的认知评价、情感体验和行为意向的综合表现。认知成分是指个体对体育活动的知觉、理解、信念和评价;情感成分是个人对体育活动在评价基础上产生的情绪情感体验;意向成分是个体对体育活动可能表现出来的行为,是由认知和情感成分所决定的,它是行为的直接准备状态,是态度与行动的联系部分。

影响学生体育学习态度转变的因素有很多,其中包括家庭、社会、学校、班集体和同伴小团体等学生自身之外的因素,以及年龄、性别、受教育程度、心理认知等学生自身的一些因素;劝说与劝说者的态度;学生的体育活动实践;必要的体育活动规章制度和严格的要求。转变体育学习态度的建议有:在体育教学中引导学生的体育学习态度;丰富校园体育文化,转变学生体育学习态度;充分利用大众媒体,积极开展体育宣传活动,崇尚体育精神;充分发挥学生积极体育学习态度的优势,学校要更多地关注学生课外体育活动的开展,学生要正确对待学练中的成功与失败。

思考题

1.请结合自己以及周围的人在运动中的表现,分析自己及他人的体育学习态度如何?

2.你最近出现过消极的体育学习态度吗?是什么原因造成的?结合本章内容,简要总结在体育活动过程中如何端正自己的体育学习态度。

[推荐阅读]

Robert E. Slavin. 教育心理学——理论与实践 [M]. 姚梅林,译 . 北京:人民邮电出版社,2004.

本书鼓励教师思考学生是如何发展和学习的;鼓励教师在教学之前和教学过程中作出决策;鼓励教师思考如何证明学生正在进行学习、正在迈向成功。本书反映了当前有关的新理论与新进展,书中介绍的各种研究结论在课堂实践中得到了验证与应用。该书所倡导的兼收并蓄的均衡教学为教学的专业化发展奠定了基础。

任务五
增强学生体育学习的动机

【学习目标】

　1.了解动机的含义、分类及功能。

　2.明确动机理论在学生体育学习中的应用。

　3.学习动机的培养与激发策略。

【关键词】

　内部动机　外部动机　直接动机　间接动机　生物性动机　社会性动机

【导入案例】

年龄最大的新手

　　吉姆的梦想是参加美国职业大联盟棒球赛，但是他的梦想在1987年宣告结束，由于他在那一年未能投出时速为88英里的快球。于是，在初级联赛短暂地打球后，吉姆放弃了成为美国职业棒球联盟一名投手的梦想。但是，他并没有放弃对棒球的热爱。几年以后，他成为了得克萨斯大湖区一所中学的男子棒球队教练。这个队在3年中只赢了3次，但是很快队员们就发现与击打吉姆·莫里斯的投球相比，击打其他队的投球是很容易的，于是一切很快发生了变化。他们知道吉姆的投球是让美国职业棒球联盟球员害怕的球。一天，当吉姆对队员们进行鼓励性讲话，让他们追随自己的梦想时，孩子们反过来也鼓励他去追随他的梦想，去参加美国职业棒球联盟队员的选拔。吉姆从收音机里听到坦帕湾戴维尔雷斯选拔赛的广告，于是，他戴着手套，让三名孩子做助手，参加了选拔赛，并且投出了12个时速为98英里的球，这使那些年轻人大吃一惊。1999年，吉姆·莫里斯成为30年来年龄最大的新手；在那一年他以时速为98英里的快球轻松地把得克萨斯骑兵队的罗伊斯·克莱顿（Royce Clayton）三振出局（Stein, 1999）。

　　改自：理查德·考克斯，考克斯，史康成等.运动心理学——概念与应用[M].张力为，译.北京：清华大学出版社，2003.

　　阅读上述案例以后，思考这种只是出于对活动或比赛的热爱而参加一项有趣的活动的心理过程是什么。这种心理活动有哪些分类？影响这种心理活动的因素有哪些？本章将围绕这些问题展开阐述。

单元一 学习增强体育学习动机的理论基础

第一步 理解动机的定义

动机(Motivation)是指引起和维持个体活动,并使活动朝向某一目标的内部动力。运动动机是指推动个体参与运动的内部心理动因。动机这一概念包括以下几个内容:①动机是一种内部刺激,是个人行为的直接原因;②动机为个人的行为提出目标;③动机为个人行为提供力量以达到体内平衡;④动机使个人明确其行为意义。

第二步 明确动机的分类

一、外在动机和内在动机

外在动机指的是个体在外在环境或诱因下促成的动机。例如,观众的欢呼、教练员的赞许、领导的接见、获得的荣誉证书、比赛的奖牌和奖金等都能激发运动员的外在动机。

内在动机指的是由个体内在驱力而引起的动机。例如,一名运动员从小就树立要成为奥运冠军的目标;一名教练因浓厚的兴趣而从事教练工作,这些都属于因个体的内在需求产生的动机。

二、生物性动机和社会性动机

生物性动机又叫原发性动机,是个体以为了获得刺激、愉快感觉和宣泄身心能量,进而满足个体的生理性需要为基础的动机。例如,一名体育运动爱好者,无论什么天气都要进行晨跑。

社会性动机又叫继发性动机,是在参与体育活动中,组织成员为了与同伴接近、交往、得到认同、发展友谊等,进而满足个体的社会性需要而产生的动机。例如,一名羽毛球爱好者很想参加当地俱乐部举办的羽毛球交流赛,从而结交朋友、交流技术、增进友谊。

三、直接动机和间接动机

直接动机是指向于活动的内容、方法或组织形式等的动机。直接动机与活动本身相联系,动机内容相对具体,是推动组织成员参与组织活动的有效力量。例如,一名具有良好运动基础的乒乓球青少年,他倾向于参加学校开展的乒乓球课。

间接动机是指向于活动可能带来的生理、心理的需要满足而产生的动机。例如,一名大学生经常去图书馆固定的位置学习,就是为了遇见他的好朋友。直接动机和间接动机之间是相互联系、相互补充的。

第三步　探讨动机的功能

一、引发功能

个体的动机可引发其为个体或组织的目标而奋斗的行为。例如,在运动队中,对运动员而言,经过长期的训练,即使拥有了正确的技术动作,如果没有意愿或内在动机的激发,在比赛中往往不易发挥出真正的实力,很难取得优异的成绩。

二、选择功能

动机不仅能发动行为,而且还能使个体的行为具有稳固而特定的内容,使他们的行为指向一定的活动目标,如在正常的训练后,有的运动员会选择给自己额外的训练任务,有的运动员则进行其他活动,这是由他们的动机之间存在差异造成的。

三、维持和强化功能

动机还决定着个体参与活动的努力程度。有的运动员在训练过程中能够长时间保持兴趣浓厚、情绪高昂、注意力集中,相反一些运动员很难表现出这样的情绪。这是由于动机不同而造成的行为上的差异。在体育教学中,教师或教练员或要使用一些强化手段使学生或运动员重复出现正确动作,减少错误动作的发生。

单元二　学习动机理论在学生体育学习中的应用

理解动机的相关理论如下所述。

一、需要理论

(一)理论的提出

马斯洛(Maslow,1943)提出了需要层次理论。该理论认为人有5种基本需要:①生理需要;②安全需要;③社交需要;④尊重的需要;⑤自我实现的需要。同时,马斯洛还认为这5种需要存在以下关系,即在达到最高级别的自我实现之前,一个人必须努力去满足其他低级别的需要。

具体来说这5种需要存在以下关系,即5种需要像阶梯一样从低到高,一个层次的需要相对满足了,就会向高一层次发展。但这种次序不是完全固定的,也有例外情况。这5种需要不可能完全满足,越到上层,满足的百分比越小;同一时期内可能同时存在几种需要,但每一时期总有一种需要占主导地位;当需要被满足后就不再是一种激励力量。

(二)需要层次理论在体育运动中的应用

针对在校学生对体育运动的需要来分析,最重要的是掌握运动技能,取得好的体育成绩,激励自我发展与提高,进而推动全校的体育运动发展。因此建立完善的学生激励机制是学生取得优秀体育成绩的动力,给予学生鼓励是课堂管理的一个重要内容。具体激励方法如下所述。

1.建立多元的评价标准,建立并强化奖勤罚懒的激励机制

评价一般侧重于学生的体育成绩,落脚点往往根据体育成绩。但是,学生不可能一直保持优异的体育成绩,因此,有必要对学生进行其他的奖励,如根据文化学习、课余比赛、德育的综合表现评定奖学金;在课外锻炼活动中相应加分等。

根据体育课的实际情况,建立科学可行的奖惩办法,引入竞争机制,使广大学生树立竞争理念;根据学生的表现,在综合评定中相应地加减一定的分数。

2.重视内部激励的作用

体育本身所含有的能激发行为动机的因素,我们称之为内部激励。内部激励是一种主导性更稳定、更持久、更强有力的激励因素。内部激励主要满足学生的高级需要,例如发展、成才、自我实现等。学校和教师应通过了解学生的思想状况、需求状况和各自的个性特征等多方面的情况,有针对性地为学生组织和开展一些体育项目。

3.激励方式要有针对性

在选用激励方式、手段时,都必须根据不同对象、不同阶段、不同情况,制订合理的激励方式。可以在体育课上、课后进行适当奖励。

二、双因素理论

(一)理论的提出

双因素理论(Two-Factor Theory)也称激励—保健理论(Motivation-Hygiene Theory),是由赫茨伯格(Herzberg, 1971)在马斯洛需要层次理论基础上发展起来的。赫茨伯格把其中的因素归纳为两类,一类叫保健因素(Hygiene Factors),主要指与工作环境和条件有关的外部因素;另一类叫激励因素(Motivation Factors),主要是指与工作有关的内部因素,即指那些可能带来积极态度、满意和激励作用的因素。赫茨伯格通过调查发现,员工对其工作感到满意的时候,其归因于自身因素,而对工作感到不满意的时候,往往会抱怨外部因素,即保健因素,如组织的政策、工作条件等。

(二)双因素理论在体育运动中的应用

在体育课上,学生对一项运动的成绩感到满意时,他们会把因素归于自身对该项目的热爱;当学生对一项运动的成绩感到不满意的时候,他们往往会把原因归为老师教得不好、周围环境不好等。那么,如何使学生正确地对待体育成绩,有下述几个建议。

1.正确处理保健因素与激励因素的关系

双因素理论指出,满足受众的保健因素,只能防治反激励,并不能构成激励要件,而且保健因素的作用是一条递减曲线。在体育学习中,教师需要关注体育学习中的保健因素,以消除学生的不满和抵触情绪,同时,又要努力使保健因素转变为激励因素。

2.有效区分内在激励和外在激励

双因素理论说明了对学生的激励可分为内在激励和外在激励。内在激励,是学生从体育教学本身获得的某种满足。外在激励是指外部的环境、教学用具、运动服饰等因素带来的间接满足。正确地区分体育训练中的内在激励因素和外在激励因素,从而促进运动员积极、持续地参与训练和比赛。

三、期望理论

(一)理论的提出

期望理论(Expectancy Theory)是弗鲁姆(Vroom)1964年提出的,他认为,某一活动组织成员的激励力量,取决于该成员所能得到结果的全部预期价值与他认为达成该结果的期望概率的乘积。用公式可以表示为:$M=V \cdot E$,其中 M 表示激励力量,即调动一个人的积极性,激发出其潜力的强度;V 表示目标效价,即达成目标对于满足个人需要的意义和价值;E 表示期望值,即根据经验判断的一定行为能导致某种结果的概率。

期望理论认为,在进行激励时需要处理3方面的关系,即努力与绩效的关系、绩效与奖励的关系以及奖励与满足个人需要的关系。

1.努力与绩效的关系

组织成员总是希望通过努力达到预期结果。如果他们认为通过自己的努力有能力达到目标,就会有决心、有信心去实现目标;如果目标高不可攀,或者目标太低,他们就失去了兴趣。

2.绩效与奖励的关系

组织成员希望取得成绩后能够得到奖励,这个奖励是综合的,包括物质上的、精神上的。如果他们认为取得成绩后能够得到合理的奖励,就可能会产生工作热情,否则就会失去积极性。

3.奖励与满足个人需要的关系

组织奖励满足个人需要的程度是这些奖励对个体的诱惑力,只有能满足个体需要的目标或个体对奖励的兴趣,才能激发和调动他们的积极性,否则奖励再高也难以激发他们完成目标的动机。

（二）期望理论在体育运动中的应用

在体育学习中应用期望理论的关键问题是目标设置，要设置一个既能满足学生个人需要，又能通过努力实现的目标，使学生潜在的需要转化为内部动机，达到在体育学习中起积极作用的目的。运动目标是学生在目标的引导下参与体育锻炼，是一种有明确目的的心理活动。体育心理学家通过大量研究证明，学生在体育学习中目标越明确，目的性越强，其学习的效果也越好。基于此，教师在为学生设置目标时应注意下述问题。

1.目标要适合学生本身

教师在给学生进行目标设置时，应根据学生的身体状况制订目标，这种目标既能让学生锻炼身体，又有一点点的挑战性，这对学生取得优异的体育成绩打下了良好基础。

2.设置明确的目标

目标设置得清晰有利于学生提高运动动机，便于学生循序渐进地完成目标、给予学生乐趣、激发其运动兴趣，便于掌握动作技能，对学生的身心发展具有良好效应。

四、成就目标理论

（一）理论的提出

20世纪80年代末期，德韦克及其同事在能力理论的基础上，结合社会认知的最新研究成果，将成就目标引入动机领域，并提出了较为完善的成就目标理论（Dweck & Leggett,1988）。德韦克认为，个体把对任务的掌握和自身能力的发展作为追求的目标，是一种学习目标定向，而把如何获得高成就，以证明自己的胜任力，避免低能的评价，是一种成绩目标定向。

同时，德韦克认为，成就目标定向的差异影响着个体在成就情境中的认知、情感和行为，两种成就目标分别对应着两种动机模式。在学习目标定向的情况下，个体倾向于寻求挑战并将任务的成败归因于努力，面对失败仍然能够保持积极的情绪，努力不懈，表现出一种积极的、掌握的动机模式；而成绩目标定向通常与不适应的、无助的动机模式相关，个体倾向于对成败能力归因，面对失败往往作出低能的自我评价，产生焦虑、羞愧、沮丧的消极情绪，并容易放弃努力。

（二）成就目标理论在体育运动中的应用

培养学生的成就目标，有利于提高学生个体的运动技术、技能、情绪、情感以及努力程度和坚持性等。在体育教学实践中运用成就目标理论应该注意以下几个方面。

1.多关注学习目标定向

在体育教学实践中，若学生只关注自身的成绩目标定向，则他对比赛的失败会表现出焦躁、懊恼等负面情绪。多关注自身学习目标的学生面对比赛的失败，他们仍然会积极乐观，即享受整个比赛的过程。这对于学生的身心发展具有促进作用。

2.给予及时的反馈

在每次体育课结束后，教师应对学生进行及时的反馈，给予他们正确的评价。在课上，教师应细心观察学生的情绪变化，若有消极的情绪出现，应立即给予关注，这对学生及时消除不良情绪具有关键作用。

3.阅读观看正能量书籍、录像等

学生阅读观看正能量书籍、录像有助于其发展积极的情绪体验。在课余时间,教师可以向学生多介绍正能量的书籍或电影,引导学生对自我有正确的认知与评价。

【知识拓展】

动机的本能理论

本能理论是最早出现的行为动机理论。本能理论的基本观点是,人的行为主要是受人体内在的生物模式驱动,不受理性支配。最早提出本能概念的是生物进化论的创始人达尔文。而在动机心理研究方面进行深入研究的则是詹姆斯、麦克杜格尔和弗洛伊德。其中,麦克杜格尔系统提出了动机的本能理论,认为人类的所有行为都是以本能为基础的;本能是人类一切思想和行为的基本源泉和动力;本能具有能量、行为和目标指向3个成分;个人和民族的性格和意志也是由本能逐渐发展而形成的。

本能理论过分强调先天和生物因素,忽略了后天的学习和理性因素。实际上,本能在人类的动机尤其是社会动机中不起主要作用。虽然本能对自然动机起着主导作用,是自然动机的源泉,但由于自然动机不具有重要的社会意义,而且在现实生活中人类纯粹的自然动机几乎是不能独立存在的,它无不受社会因素的影响或社会动机的调节。所以,本能理论只具有从理论上对自然动机解释的意义,而不具有重要的社会意义。社会发展到今天,人们的吃饭行为已不纯粹是一种本能行为,人们一般是定时定点在食堂就餐,而不是饿了就吃。在很多情况下,吃饭行为并不是由躯体的饥饿感引起的。

因此,本能论者没有把握住人类行为的社会本质。用本能这种不具有重要社会意义的动机来解释人类广泛的复杂的社会行为,必然会犯生物决定论的错误。

单元三 如何培养与激发学生的体育学习动机

第一步 了解学生体育学习动机的影响因素

学生体育学习动机的影响因素如下所述。

(一)价值观因素

李梁、鲍志宏、季浏(2004)认为,价值观是人们用以评价事物价值标准并以此指导行为的心理倾向系统。价值观是认知的结果,是主观的信念,它制约着个体去发现事物对自己的意义,确定并实现奋斗目标。虽然事物是客观存在的,但由于每个人的价值观不同,因而个体对同一事物的意义的评价和认识也就不同。如有的学生认为身体强壮、掌握体育技能能增强自信心和提高自身素质,因而有强烈的参与体育学习与锻炼的动机;有的则认为身体强壮、掌握体育技能是四肢发达、头脑简单的表现,体育学习动机当然就不会强。价值观决定着人对事物的好恶,并以情感的形式表现出来,影响着人的动机性质和水平。

(二)认知因素

虽说个体的行为动机来自主观需要与客观事物之间的相互作用,但客观事物符合自己需要的程度如何,满足的可能性有多大,却取决于个体的认知水平。因此,认知也是影响行为动机的一个因素,特别是随着认知心理学的发展,这方面的影响因素正日益受到重视,成为解释人类动机行为的一个重要组成部分。

(三)行为因素

个体的行为是在其动机的驱动下发生的,而发生的行为所产生的结果又会影响个体随后行为的动机。这里所说的对个体后续行为动机产生影响的行为因素主要是强化作用。德韦克的研究表明,积极的强化能让学生感到自己的行为是有效的,能够对环境产生影响,这正是自我效能感产生的基础。如果学生的努力总得不到关注或遭受冷落,久而久之,就会形成"习得性无助"感。值得注意的是,强化也要讲究度的问题,要防止"过当效应"。

第二步　制订学生体育学习动机的培养与激发策略

一、提高体育锻炼价值观的认识

我国传统的教育理念历来是"重文轻武",因而许多学生对体育锻炼提不起兴趣,缺乏动机。提高学生体育锻炼价值观的认识就是要以现代社会的教育理念和生活理念去启发学生,使学生认识到体育学习与锻炼不仅是现代社会对学生的要求,也是学生适应现代社会的重要手段。只有当体育观念成为学生自身的信念和价值观时,才能有效促进体育学习动机的形成。

二、满足学生的需要

满足学生的需要,是有效激发体育学习动机的关键。如果学习过程符合学生需要,则这个过程本身就能起到激发动机的作用。在体育学习过程中,尽管每个学生都有自己的需要,但大多数学生的需要可归为以下 3 类:接受刺激、追求乐趣的需要;从属于一个集体的需要;展示才能和自我价值的需要。

三、增强学生的自我效能感

学生的体育自我效能感强,会使学生产生强烈的体育活动动机并伴随积极的情绪体验。提高自我效能的方法和途径主要有以下几种。

（1）榜样作用,列举与该学生各方面类似的成功者。

（2）想象自己成功的情景。

（3）及时反馈活动成绩。

（4）设置经过自己努力能完成的目标。

四、引导学生对成败进行合理归因

归因教育重点有两个:一是对自己或他人的行为结果作全面归因;二是要引导学生多从内在可控因素——努力方面归因,因为努力因素是自己能够认知和控制的,即使失败也不会降低期望水平或怨天尤人,从而有益于维持动机的强度。

五、正确运用强化手段

教师应随时利用强化手段强化学生的成就感,并激发学生的学习兴趣。进行强化时应注意下述原则。

①强化要有利于激发学生的学习动机。例如,教师的奖励或降低学习任务难度是否有利于学生学习积极性的提高。

②明确规定应获奖励的行为、条件和标准。例如,教师要向学生规定这次的成绩要好于上次,才能给予奖励。

③奖励不能过量,不能让学生感到教师在控制他们的行为。

④应使学生明白,奖励不是最终目的,它只是能力、努力和自我价值的标志,这样有利于加强内部动机。

六、创设良好环境

良好的环境具有诱发学生体育学习动机的功能。客观环境是影响动机形成的重要条件,它包括个人和群体所处的社会历史背景、家庭和工作环境。有什么样的客观环境,人们就会产生与之相应的行为动机。为此,体育教师应创设多种有利于激起学生的体育学习动机的情境,如创设激起认知内驱力的情境、创设激起归属内驱力的情境、创设激起自我提高内驱力的情境等。

【实践案例】

体育学习动机因素调查

马襄城、申爱莲随机选取了郑州大学理、工、医、文、哲、经、法等十几个不同专业的学生共50名,采用文献资料、问卷调查、数理统计相结合的研究方法对影响大学生体育课学习动机的因素进行调查。研究发现:大学生体育课学习动机积极因素主要包括增进健康、追求运动带来的振奋感和放松感、调节情绪、希望增加新的学习内容等。消极因素主要包括体育学科观念淡薄、体育课教学形式呆板、教师业务水平不高、缺乏场地设施等。

大学生体育课学习动机的主要激励方法包括思想教育法、物质奖励和精神鼓励法、竞赛奖励法。

其一,树立正确的理想目标。"人的动机可以激发,可以转变,通过宣传教育的方法激发人们的动机,使之指向共同的理想目标。"教育学生:体育课学习应与学校培养合格的专门建设人才结合起来;娱乐和健康应与为国家高效工作40年(或更长的时间)结合起来。

其二,"物质奖励和精神奖励法"相结合。如学生在校内外参加竞赛获得优异成绩,给予一定的物质奖励,鼓励其积极参与体育竞赛,同时还应对课堂教学中练习积极、情绪高涨的学生提出口头表扬,树立全班学习的榜样。另外应对体育基础差的学生,只要有微小进步,都及时予以肯定,使他们获得成功的快乐,以此激发学习兴趣和信心。

其三,竞赛奖励法。竞赛是体育运动本身属性之一,通过平等的或有条件的"让先"等级竞赛,使参赛者获得成功感及从事体育运动的满意感,从而强化积极参加体育活动的动机。

改自:王斌.体育心理学[M].武汉:华中师范大学出版社,2011.

任务小结 —— 动机(Motivation)是指引起和维持个体活动,并使活动朝向某一目标的内部动力。运动动机是指推动个体参与运动的内部心理动因。外在动机指的是个体在外在环境或诱因情况下引发的动机。内在动机指的是因个体内在驱力而引起的动机。生物性动机又叫原发性动机,是个体为了获得刺激、愉快感觉和宣泄身心能量,进而满足个体的生理性需要而参加活动的动机。社会性动机又叫继发性动机,是在参与体育活动中,参与成员为了与同伴接近、交往、得到认同、发展友谊等,进而满足个体的社会性需要而产生的动机。直接动机是指向于活动的内容、方法或组织形式等当前、直接特征的动机。间接动机是指向于活动可能间接地满足生理、心理的需要的动机。动机具有3种功能,即引发功能、选择功能、维持和强化功能。

运动动机的培养与激发应从设置切实可行的目标、创设良好的运动情景、及时反馈、加强心理训练、正确地认识自己、加强归因教育、培养正确的体育价值观、恰当运用外部奖励等方面实施。

思考题 —— 1.请你说出什么是体育动机,以及体育动机的分类;并结合实际谈一谈体育动机的各个分类的特点。

2.请你说出体育动机有哪些功能,影响学生体育学习动机的因素有哪些。

3.假如你是一名体育老师,如何培养和激发学生的体育动机?

【推荐阅读】

[1] 理查德·H.考克斯.运动心理学[M].王树明,等,译.上海:上海人民出版社,2015.

该书是一部被世界各国广泛采用的运动心理学教科书,由美国著名运动心理学家理查德·H.考克斯撰写。该书强调理论的实践基础,始终关注健康和努力实现积极心理。本书阐述了运动心理学的概念,心理因素对运动的影响、运动对心理的积极作用、运动的动机、运动让你年轻等内容,是对运动心理学的一种全新的阐释。

[2] 于清,袁吉.运动心理学[M].长春:吉林大学出版社,2010.

本书是人文与科学融合的体育专业素质教育课程系列教材之一。全书共分11章,内容包括:认知与体育运动,情感、意志与体育运动,个性与体育运动,青少年学生和运动员的心理特点,运动技能形成过程的心理分析,运动训练心理,运动竞赛心理,运动员的心理技能训练,体育运动中的社会心理学问题,运动心理学的研究方法与科研论文撰写规范等。

任务六
发现学生体育学习中的能力差异

【学习目标】

1. 了解体育能力的概念与构成。
2. 认识体育能力的差异及表现。
3. 掌握体育能力培养的策略与途径。

【关键词】

体育能力　体育认识能力　身体运动能力　自我锻炼与评价能力　自我调节能力　能力差异

【导入案例】

体育差异化教学案例剖析

教学对象:六年级学生

学习内容:韵律活动和舞蹈单元第一课时——《阳光校园》基本舞步踏搓步

准备部分:教师播放节奏感强的音乐,带领学生成两路纵队绕圆形场地慢跑,在跑动中进行滑步、后踢步、点步等舞步练习。接着,教师带领学生成双圈站立并面向圈内进行踏搓步的练习。在教师喊口令练习4个8拍后,采用男女混合分组的学练方式进行学习,发现多数男同学出现动作不协调、跟不上节奏、积极性不高等问题,致使踏搓步的学习处在低效重复的状态,使学习目标的达成受阻。

分析:教师在教学分组时没有考虑学生性别差异、生理、心理发育特点及运动技能掌握差异,导致学生学习目标达成受阻。六年级学生心智发育逐渐成熟,有自己独特的见解。从性别角度分析,女生对韵律活动舞蹈的学习比较感兴趣,学习积极性较高,加上柔韧性、协调性较好,学习起来比较容易。而该阶段男生已有性别意识,不愿与女生一起学练;男生更喜欢挑战性和对抗性的运动项目,所以在韵律活动舞蹈的学习中比较被动。

对策:基于以上分析,教学中教师应充分考虑男女生性别差异,分组学练时按性别进行分组,避免男女生合作学练出现因性别意识而产生的尴尬。面对男生学习韵律舞蹈兴趣不浓的问题,教师应积极引领,关注男生的学练,采用教师先集中学练后分组练习的方式,并为男生设置容易达成的学练目标,调动男生的学练兴趣。从育人的角度考虑,教师应从心理层面进行疏导,让学生感受韵律舞蹈的美感,正确认识男女性别差异,树立正确的价值观,提高学生的审美意识。

引自:秦银桂.体育差异化教学案例剖析.秦银桂的日志.

从案例中可知,在体育教学过程中,受身体素质、性格与能力等方面的限制和影响,学生学习存在差异是必然的,教师如何解决学生的能力差异? 如何在体育教学中针对学生的差异进行合理的教学安排,设置适宜的学练目标、学练方法? 本任务将围绕这些问题展开阐述。

单元二 学习体育能力的理论基础

第一步 学习体育能力的内涵

体育能力(Sports Ability)是指由各种运动知识、素质、能力有机组成的综合能力。从狭义上讲,体育能力是指从事身体锻炼的能力,即能够根据条件的变化,选择、运用甚至创造相应的身体练习方法进行独立的体育锻炼,合理地安排锻炼时间,调节运动负荷,实行自我医务监督和正确的自我评价身体状况与锻炼效果。从广义上讲,体育能力是指人们完成某一活动时所表现的身心统一、协调配合的才能。与其他能力相比具有一定的特殊性,它是由运动知识、技术、技能和智力构成的一种个性身心品质的综合体。从认识论的观点看,主要包括对身体各种活动的敏锐观察能力、迅速反应能力、记忆能力、创造性活动能力、接受信息的能力,以及对动作重点难点的判断能力。

第二步 认识体育能力的构成

一、体育能力

体育能力是指学生能够了解体育活动的意义、作用、方法以及相关体育知识和技术的心理条件。它主要通过学生是否具有明确的体育学习目的、正确的体育态度、清晰的体育意识、刻苦钻研的学习精神以及对体育知识、技能和方法的理解能力等表现出来;主要包括对身体各种活动的敏锐观察能力、迅速反应能力、记忆能力、创造性活动能力、接受信息的能力,以及对动作重点难点的判断能力。这是学生体育能力形成和提高的动力因素和前提条件。

二、身体运动能力

身体运动能力指学生在运动过程中所表现出来的综合能力。具体表现为学生在掌握一定的技术、技能的前提下所获得的从事各种运动的能力，以及运用已获得的动作技能来进行新技能学习的能力。在体育学习过程中，学生的动作技能和身体运动能力相互影响、相互作用。动作技能是提高身体运动能力的必要前提，身体运动能力的提高又对动作技能的发展具有促进作用。身体运动能力影响着自我锻炼与评价能力的应用，是体育能力的核心。

三、自我锻炼与评价能力

自我锻炼与评价能力是指学生通过运用所学的体育知识、技能和方法，结合自身的条件，能够独立进行体育锻炼并对锻炼效果进行自我评价的能力。自我锻炼与评价能力是充分体现体育能力的一个重要方面，也是体育能力发展的方向。

四、自我调节能力

自我调节能力是指在体育活动过程中个体能够发现问题，并对其进行调整和改进，进而提高学习成绩的能力。具体而言，就是学生在身体锻炼活动过程中，能够根据自己的身体条件、健康水平以及体育活动的环境、器材情况，改进锻炼计划，调整锻炼内容、手段和方法（包括运动频率、运动时间、运动强度等），因地制宜地进行体育活动的能力。它是个体科学地从事体育学习和锻炼、提高体育学习成绩的重要环节。

第三步　了解体育能力的差异及其表现

学生在体育能力的几个构成要素上的差异，反映了学生体育能力的差异（颜军，2001）。由于每位学生先天的身体素质，经常参与的体育活动及其主观努力程度的不同，他们的体育能力有着很大的差异。只有切实把握学生体育能力的差异，才能在体育教学过程中做到有的放矢。因为体育能力要素在不同的学生身上表现不同，所以造成了个体体育能力的差异。根据个体体育能力的差异，可以将学生大致分为下述三种类型。

一、体育各方面能力较强的学生

这类学生在体育能力要素的构成方面，基本上形成了最优化组合，具有较强的体育能力，主要表现为体育知识和技能达到较熟练程度，并能在实践中加以灵活运用；体育学习和锻炼积极主动，分析问题和解决问题的能力以及自我调节和自我评价的能力较强；掌握新技能既快又好。对于这些学生，在体育教学中要对他们提出更高的要求，让他们认识到自己仍然有不足的地方，促进他们在原有的基础上得到更好的发展，最好能够形成自己的特长。教师可以针对他们的特长，安排一些难度较大的动作技能，激发他们的学习动力，提高他们的学习兴趣；还可以安排一些基础较差的学生，由他们负责指导，要求他们做出正确的示范动作，这样一方面可以培养他们分析动作技术、纠正错误动作的能力,另一方面又可以调动他们的学习积极性。

二、体育各方面能力较弱的学生

这类学生的特点是明显跟不上体育学习的进度,完成体育学习任务困难较大,体育学习成绩较差。究其原因,主要由于其体能和运动技能基础较差,缺乏自信,体育学习动力不足,意志品质薄弱,心理矛盾,情绪不稳定等。对待这类学生,首先要提高他们的自信心,对他们通过努力所取得的每一点进步都应给予及时的表扬和鼓励,使他们体验到体育学习的成功和乐趣,增强其体育学习的自信心和自尊心;其次要使他们认识到参加体育学习和锻炼的重要性,通过多种教学手段和方法,让他们从体育学习和锻炼过程中体验到体育活动的乐趣和益处,激发他们对体育活动的兴趣,提高其参与体育活动的主动性和积极性,同时,培养他们勇于面对困难、克服困难的意志品质。

三、体育各方面能力一般的学生

这类学生在体育能力的几个构成要素上处于一般状态,基本能完成教师的要求和任务,但学无余力,学无特长,学习效率不高。其中绝大部分学生的体育学习态度尚认真,但体育能力较差,学习方法单调,体育知识和运动技能不扎实。这类学生,要对他们提出明确的学习目标,为他们指出现有的不足,并提出改进学习的方法,争取在原有基础上获得更多的进步。

体育教师在教学中对上述三类学生要平等对待、因材施教,使每一位学生在原有的基础上都有更大的进步,绝不能陷入"区别对待"的误区。

【实践案例】

探讨体育能力差异对学习情绪的影响

调查对象:三明学院体育系2004级学生57人。

研究方法:文献资料法、分组实验法、问卷调查法、访谈调查法、观察法。

实验设计:对2004级每个学生进行定点投篮和全场运球上篮两项内容的测验,根据学生篮球技术的掌握程度,将他们分为强、弱两组进行分班教学,其中30人在强组,27人在弱组。

研究结果:1.篮球学习兴趣的比较。通过T检验了解到强、弱两组学生在篮球运动兴趣方面存在显著差异。强组学生在课堂上显得朝气蓬勃,精力充沛,情绪乐观积极,具有很强的挑战意识。而弱组学生在情绪上显得萎靡不振,同时对篮球学习信心不足,害怕失败,缺乏学习的主动性。

2.篮球学习态度的比较。通过对强、弱两组学生篮球学习态度的调查分析发现,强、弱两组学生在篮球学习态度方面存在显著差异,特别是对是否注意掌握篮球技术方面有很大差别。强组学生学习的主动性和自觉性比弱组强,他们更能吃苦耐劳,敢想敢干,勇于拼搏。而弱组学生则表现出畏惧困难,信心不足等特点。

3.篮球学习动机的差异。通过对强、弱两组学生篮球学习动机的调查分析发现,强、弱两组学生在篮球学习动机方面存在显著差异。强组学生的学习动机是出于对篮球的喜欢和兴趣,他们在学习中情绪上始终积极而充满活力,而弱组学生的学习动机较为狭隘,在学习中显得消极和被动。

　　研究结论:体育能力不同的学生在学习动机、学习兴趣和学习态度间存在显著差异。

　　改自:蔡小珑.探讨体育能力差异对学习情绪的影响[J].教育与职业,2006(18):130-131.

单元二　掌握培养体育能力的策略

第一步　掌握学生体育能力的培养策略

　　体育能力的培养策略主要是指在体育教学过程中,教师根据学生、体育场地、器材的实际情况,为完成培养学生体育能力为主要目标的教学任务而采取的各种措施,包括教学方法的选择,体育器材的选取,对学生行为的规范等策略。

一、以学生发展为中心,重视学生的主体地位

　　主体性是人最本质的属性,发展人就是要求发展人的本质属性。教育的基本功能就是发展人、完善人。在体育教学过程中,教师要采用多种手段和方法,激发学生的兴趣;引导学生积极地参与体育活动,把学生主动、全面的发展放在首位;突出学生的主体地位;创造性地运用教学方法,营造和谐、民主、宽松的教学氛围;深入挖掘教材的育人功能,让学生明确"为什么学"和"怎么学",使学生由"要我学"向"我要学""我要练"转变,促进学生体育能力的提高。

二、提高课堂教学的有效性,促进学生有效学习

　　有效教学是指教师遵循教学活动的客观规律,以尽可能少的时间、精力和物力,取得尽可能好的教学效果。提高体育教学有效性的方法主要有:第一,利用体育游戏激发学生的学习动机,保持学生的学习兴趣;第二,根据学生的体育能力设置科学的教学内容和学习目标;第三,根据学生的特点选择适宜的教学方法;第四,教学组织方式要有利于学生的兴趣保持。课堂教学的有效性能促进学生的有效学习,能够提升学生的体育能力。

三、构建平等互助的师生关系

　　新课程标准强调教学过程是师生交流、共同发展的互动过程,所以我们要建立一种平等、开放、交流、互动的新型师生关系,充分调动学生的学习积极性、主动性。体育教师作为教学的策

划者、组织者、设计者和引导者,是沟通学生与教学的桥梁,是学生体育学习的引导者和促进者。学生作为体育学习的主体,同教师应是一种合作与交流的关系,而非被动的受教育者。只有这样,师生间才能够互相尊重、互相理解、互相信任,才能建立一种积极有效的教学氛围。体育课堂应该成为学生体育学习的乐园、创造的沃土、求知的海洋。因此,在教学中应重视学生的情感体验,尊重学生的个性,在友好、平等、信任的课堂教学环境中,引导学生积极参与体育活动,培养学生良好的体育学习习惯,促进学生体育能力的发展。

四、面向全体学生,关注学生的个体差异和不同需求

在人的发展过程中,个体的差异性是客观存在的。人的体能和运动技能状况不仅与后天练习和发展有关,而且与其先天遗传也有一定的关系。从健康的角度来看,每个人的运动需求和运动技能都不尽相同,体育教师应该尊重学生的人格,关注个体差异,满足学生的不同需求。因此,我们应该充分考虑学生在身体条件、兴趣爱好和运动技能等方面的个体差异,并根据这种差异确定体育学习目标和有弹性的学习内容,突出有利于学生发展的评价目标;以学生的体育活动需求为核心,创设能引导学生主动参与的教学环境,激发学生的体育学习积极性,培养学生掌握和运用体育知识的能力;在教师的引导和帮助下找到学生能够"表现自我"的领域,促进学生自我展现;采用多元评价,给不同层次的学生合理的评价,使每个学生都体验到体育学习和成功的乐趣,以满足他们身心发展的需求,进而使每个学生在体育方面都得到充分的发展。

五、加强学生体育基本理论知识教育

中小学体育教学改革的重大意义、任务和目的在于提高学生的体育能力,使中学生掌握科学锻炼身体的手段与方法,加深对体育运动的了解和认识,养成经常性、自觉性地参与体育锻炼的良好习惯。因此在教学中,要加强学生的体育基本理论知识教育,要让学生明白学习体育理论知识的重要性,要向学生讲清体育与健康、体育与生活、体育与工作、体育与健美的关系,进而提高学生对体育运动功能和作用的认识。有目的、有意识地培养学生树立正确的体育价值观,明确体育运动对人生的价值和意义,使学生对体育运动产生终身性的需要,激发学生的进取心。教师在教学过程中,要把传授学生科学锻炼身体的方法放在首位。也就是说,在教学中,要教给学生科学合理地制订健身方案,掌握科学锻炼身体的方法,使学生能够根据自身的状况和实际情况,合理有效地制订体育锻炼计划。同时,要让学生掌握体育锻炼的医务知识和自我监督、运动创伤的预防和医治,以实现自我锻炼、自我评价、自我养护的目的。

第二步　学习常见的学生体育能力培养途径

在体育教学中,由于学生整体体育学习能力参差不齐,对体育常识、运动原理、运动认识规律、动作规格要求、常见的科学锻炼方法以及知识结构和认知水平也都存在着不一致的情况。因此培养学生体育能力的途径也就各不相同,下面我们探讨一些常见的体育能力培养途径。

一、体育运动能力的培养

体育运动能力是指人在社会生活中,在掌握一定的体育知识、技术和技能的前提下所获得的从事各种运动的能力。运动能力是反映个体体育运动特征的一种能力,是人们锻炼身体和参加劳动、军事活动及各种文化活动的基础。培养学生的运动能力,增强体育运动意识,使学生养成良好的体育运动习惯,应不断改进教学方法,在实践中培养学生的运动能力。要做到这一点,体育教师可采取以下方法:①大胆进行教学模式的改革,尽量减少注入式和训练式的教学方法。上课时要不断地采用变换练习、重复练习、循环练习等多种有效的教学方式,同时也多给学生练习的时间,努力提高学生对体育运动学习的认知能力。②创造良好的运动氛围,尽可能使每个学生都参与到体育运动中来。③教师通过采用变换身体练习的组合或练习时的外部环境,变换运动负荷、运动数量、运动器械的重量和高度等方式为学生营造良好的训练环境,调动学生的运动积极性,激发学生的求知欲望和学习兴趣,使学生自觉、主动地参与体育锻炼,增强练习效果,发展学生体育运动能力。

二、体育学习能力的培养

在中小学体育教学过程中,体育教师不但要注重传授基本的体育理论知识、技术和技能,提高学生的身体素质和身体健康水平,还要注重培养学生体育学习的能力。因此,在对新知识的教学过程中,体育教师应通过精练准确的讲解、正确规范的动作示范和必要的电化教学手段,使学生初步了解教学内容中的基本技术动作,建立正确的动作技术概念、掌握正确的动作要领。学生在练习过程中,应在教师正确有效的辅导下,由易到难,通过多次反复练习,逐渐使动作得到一定的定型,进而培养体育学习的能力。特别是在学生能够用语言、动作表达出自己对所学新知识的认识和理解,并能熟练掌握所学内容的基础上,使其对该动作要领产生自己独特的理解或者能对技术动作进行一定的创新。这样就能使学生对所学体育内容有更加深入的了解和认识,提高学生学习体育的兴趣和参与体育锻炼的积极性,进而有效地培养学生的体育学习能力。

三、自我锻炼能力的培养

自我锻炼能力是指学生能用所学的科学锻炼的理论与方法,结合环境和自身条件加以创新,独立地进行体育锻炼的能力。从传统的体育教学过程中我们不难看出,传统的体育教学由于受到应试教育的影响,体育教学大多采用"注入式"的教学方法,课中过分强调教师的主导作用,课堂纪律管得过严,使中学体育课堂气氛欠缺应有的活力,在一定程度上不利于培养学生的自我锻炼能力。

大量的研究和实践经验表明,培养学生自我锻炼能力,可采取以下方式:①培养学生的自学能力,让学生明确体育锻炼的意义,学习有关体育的知识和方法,能够结合环境和自身条件,制订锻炼计划和方案。②培养学生的自练能力,让学生能把学到的体育知识、技术和方法,综合运用到体育锻炼实践中。③培养学生的自调能力,即学生在身体锻炼的活动中,能够根据自己的身体条件和健康水平,能够合理调节运动负荷、运动强度及运动时间。④培养学生的自控能力,即在自我评价的基础上不断修正并实施锻炼计划的能力。

总而言之,为了提高教学效果,必须培养学生的自我锻炼能力。体育课中教师应依据人体运动机能变化规律,在练习次数、负荷量等方面因人而异,因材施教,使具有不同体育学习能力的学生都能掌握练习的科学方法,运用所学的体育知识、技术和方法,并结合环境和自身条件加以创新,培养独立进行体育锻炼的能力。这样学生在走向社会后,能根据工作、生活的环境和条件,结合自身健康状况和需要,科学、有效地参与体育锻炼,使体育成为健康的保健手段和健美的方法。

四、自我评价能力的培养

自我评价是自我教育的一种方法,是自身掌握某项技能的表现。实践证明,学生掌握自我评价的能力,在一定程度上影响学生的学习质量和学习效果。自我评价意识在技术的学习、掌握过程中,起着信息综合分析器的作用,它能够对众多的内外部信息进行分析、纠正、选择,并确定下一步的具体行动。具有较强自我评价能力的学生,能根据练习过程中所获得的信息寻找改正或解决的办法与线索,能更好、更快地掌握技术动作。因此,教师在体育教学中必须加强学生自我评价能力的培养,逐渐提高学生的自我评价能力。而在传统体育教学过程中,对学生教学动作的掌握情况、学习成绩、达标合格的程度以及上课纪律情况,都是由体育教师来作出评价的,这种评价结果无法使学生客观地认识自己存在的问题和优势,也不利于学生创造能力的发展。随着体育教学改革的不断推进,科学有效的教学模式、手段和方法在当前体育课堂中应运而生,对培养中学生自我评价能力起到积极的作用。在现代体育教学中,学生通过自我评价以及学生之间动作的相互对照、相互观摩,让学生了解自己学习的情况(如所学动作正确与否,学习效果如何,应用所学知识、动作的熟练程度等)。在体育教师对学生体育学习作出评价后,学生对自身的评价也会发生一定的变化,这对提高中学生的学习热情、努力程度、学习动机和学习效率起到一定的促进作用,同时自我评价能激起学生的上进心,强化自我锻炼需求,进而提高学生学习的自觉性。

五、创新能力的培养

青少年阶段是发展创新能力的重要时期,因此如何培养中小学生的创新能力,已成为学校体育运动面临的崭新课题。我们应结合学校体育运动自身的多变性、娱乐性、竞争性、全体性等特性,来进行中小学生创新能力的培养。首先,体育创新的源动力产生于个体对体育运动的参与。学校体育运动应为学生搭建更多的团队协作机会,让学生在团队协作过程中,充分发挥个人的特长与能力,为团队贡献力量,进而培养学生在团队合作过程中的创新能力。其次,学校体育运动的内容要具有灵活性,运动内容的创新,在学校体育教育中具有很深远的现实意义。可以根据学校的地域特征和地方民族传统体育习惯,鼓励学生把他们所喜爱的乡土体育活动带进课堂,教师启发学生进行综合和改进,融入校园体育文化,注入更多适合青少年的娱乐功能。学生根据自己的需要去运动,不仅可以培养学生对体育的兴趣,而且对学生创新能力的培养大有帮助。最后,中小学生是一个思想活跃、体力充沛的群体,在体育教学中,教师应有意识地培养学生的创新能力指向运动项目的娱乐化,引导他们改造传统运动项目,突出其娱乐性。学生在娱乐目标的导向下对运动项目的反复改造和实践,既能提高学生学习的兴趣,也能培养学生的创新能力。

六、自主学习能力的培养

体育教学是学校教学工作的重要组成部分,我们不能把体育教学理解为只为增强学生体质服务,更重要的是教会学生自主学习、自觉锻炼的方法,只有这样才能达到"教是为了不教"的目的。因此在教学过程中,体育教师首先要从知识技能的传授者转变为学生发展的促进者,帮助学生确定适当的学习目标。为了充分调动学生的积极性,激发他们学习的求知欲望,教师要因地制宜地为学生创设一种富有激情、新颖的外部条件,让学生积极地参与到理解和掌握学习策略的过程中来。其次,要培养学生自主进行体育锻炼的能力,教师在教学中应善于引导和教育学生,根据不同的地理环境和场地器材的情况因地制宜,以达到锻炼身体的目的。此外,为提高学生自主学习能力,教师还应培养和提高学生观赏体育比赛的能力,包括观赏运动员运用的项目规则和方法;了解各种项目技术、战术发展的状况和趋势;观赏运动员临场战术运用水平和应变能力;观赏比赛中速度、力量、耐力、柔韧度等身体素质在比赛中的运用效益;观赏运动员临场心理素质和意志品质、在比赛各阶段的表现和自控能力及场外教练指导的艺术。

七、合作能力的培养

在体育教学实践中,学生在合作中经常出现因合作不顺或难以与他人相处而导致合作失败的现象。因此,要注意培养学生的合作能力。合作能力的培养有以下几个方面:①合作意识的培养。合作意识是个人对共同行动及其行为规则的认知与情感,个体的主体意识、情感意识、参与意识是合作的重要因素。教师在教学中,应营造一个良好的学习环境,用丰富多彩的集体活动来培养学生的合作意识,在合作中探索、创新学习的内容与形式,通过合作某一项任务来感受成功。②合作技能技巧的培养。可以通过在教学实践中教给学生一些合作的策略,如打招呼互相问候、积极倾听他人的意见、善于表达自己的想法、有礼貌地表示赞同或不赞同以及如何与同伴进行交流、如何利用他人的信息等。要有目的、有计划地对学生进行基本的社交性语言的引导,让学生在合作中增进了解,活跃小组活动的气氛。③合作精神的培养。合作是手段,对学生合作精神的培养才是价值所在。在学生的合作学习中,教师是教育者,要充分引导和组织学生的学习活动,同时是合作者,全身心地与学生合作,为学生做合作的表率。要让学生在合作中感到自己的成功是与小组其他组员的共同努力分不开的,以使学生具有荣辱与共之感。

八、组织管理能力的培养

组织管理能力是指个体在组织群体活动时,使群体中的成员能够向一个共同目标奋斗,并按照明确的计划,协调组织成员进行工作,充分发挥每个人的积极性,并达到预期目的的能力。为了培养学生的组织管理能力,可采取以下措施:①在体育课和课外体育活动中的一些组织管理事务,放手让学生去做,以此培养他们的组织能力。②尽可能让学生承担校运动会的各项工作事务。在教师的指导下,由学生负责安排运动会的部分事宜,以此提高学生的组织与管理能力。

【实践案例】

"讲一、练二、考三"自主学习法对学生不同体育能力的实验研究

实验对象:根据北京林业大学体育选修课项目设置,实验对象选取的是2012级2个男生篮球班和2个女生篮球班,每班人数均为30人,其中1个男生篮球班和1个女生篮球班分别设为实验1班和实验2班,另1个男生篮球班和另1个女生篮球班分别设为对照1班和对照2班。实验班和对照班初始条件是均有一定的篮球技术基础。

研究方法:文献资料法、专家访谈法、实验法、问卷调查法。

教学实验设计:①预备性实验:从2013年3月到2013年6月对本校2012级篮球两个男生专选班进行"讲一、练二、考三"自主性学习法预备性实验,每班人数30人。在实验过程中,请具有多年丰富教学经验的专家进行指导,结合小样本实验对实验条件控制和实验施加因素作一些合理调整。②正式实验时间:2013年9月至2013年12月,16次课共32学时。③实验前诊断性测试:在进行实验前,由学校篮球教研室组成考评小组,均由不参加实验的教师组成。对实验班和对照班的学生进行了身体素质和专项技术的测试,对测试结果进行差异检验,来考察实验前实验对象在身体素质和专项技术方面是否存在差异。④实验条件的控制:为了最大可能消除实验误差,实验班和对照班的教学在教学大纲与进度、场地器材、教学师资等方面完全相同。为避免学生产生"皮格马利翁效应",实验采用单盲教学设计方案。⑤实验施加因素:在实验1、2班进行自主学习教学实验;在对照1、2班采用传统的教学法授课,即按照讲解、示范、练习与纠错等步骤进行教学,完成对知识技能的传授。

研究结果:①实验前分组差异性检验。实验前,对所有研究对象进行身体素质和技术指标测试,差异检验表明实验1、2班和对照1、2班学生在身体素质和技术能力方面处于同一水平,可以进行实验。

②自主学习模式对学生锻炼态度的影响。采用mann-whitey u检验对不同维度进行组间检验。结果显示,在"讲一、练二、考三"自主教学模式下,实验班在行为态度、目标态度、行为认知、行为习惯、行为意向、情感体验、行为控制感等维度上显著优于对照班。

③自主学习模式对学生体育自主学习能力的影响。在自主学习模式下,实验班学生的自主学习能力比对照班有明显提高,说明自主学习模式给学生创造了一定的自主学习时间和空间。

④自主学习模式对学生体育理论学习能力、身体健康素质和篮球技战术水平的影响。根据教学大纲成绩评定方法,把运动能力各项测试成绩换算成标准分进行t检验。结果显示,自主教学模式可以显著提高学生体育理论学习能力,实验班学生的理论学习能力显著优于对照班。在身体素质比较方面,实验班在纵跳、耐力跑等素质中提高显著,而引体向上和握力指标没有显著差异。

⑤自主学习模式对学生课外体育锻炼行为的影响。结果显示,与对照班比较,"讲一、练二、考三"自主学习模式教学对实验班学生的课外锻炼行为的影响具有显著意义,说明自主学习法可以有效促进学生自觉进行课外体育锻炼行为。

⑥自主学习模式对学生创新能力的影响。通过对实验后创新能力不同维度的组间比较,除了冒险性维度外,实验班与对照班在好奇性、想象力、挑战性 3 个维度上差异显著。传统教学模式下,不同性别学生在冒险性、好奇性和挑战性上差异显著。而自主学习模式下,不同性别学生仅在冒险性维度上差异显著。

资料来源:王涛."讲一、练二、考三"自主学习法对学生不同体育能力影响的实验研究 [J]. 山东体育科技 .2014,36(6):112-116.

任务小结　　体育能力既具有一般能力的特征,又是一种特殊的能力,是由知识、技术、技能和智力构成的一种个性身心品质的综合体。体育能力主要包括体育认识能力、身体运动能力、自我锻炼与评价能力、自我调节能力等。这 4 种能力的不同组合就形成了学生在体育能力方面的差异。 根据体育能力的差异,可以将学生大致分为体育各方面能力较强的学生、体育各方面能力较弱的学生和体育各方面能力一般的学生 3 种类型。学生体育能力的培养途径包括体育运动能力的培养、体育学习能力的培养、身体锻炼能力的培养、自我评价能力的培养、创新能力的培养、自主学习能力的培养、合作能力的培养、组织管理能力的培养。

思考题　　1.学生的体育能力包括哪些方面?各自具有什么特征?如何培养学生的体育能力?

2.在体育教学中,对待不同体育能力的学生应分别采取哪些措施?

任务七
学会在体育运动中进行目标设置

【学习目标】

1.了解目标定向、目标设置、团队目标的概念。

2.理解目标定向理论的分类、特点及目标设置的作用。

3.掌握目标设置、团队目标设置的方法。

【关键词】

目标定向　学习目标定向　成绩目标定向　社会目标定向　目标设置　团队目标

【导入案例】

梦想源于目标

S 先生:最近生活好像失去了方向,不知道干什么好,总是在混日子。

C 女士:可能是因为你没有目标吧。

S 先生:目标也不能说没有,挺想成为一名优秀运动员。

C 女士:说一个哈佛大学的实验吧。1975 年,哈佛大学调查了当年毕业学生的目标,发现只有 3% 的学生有清晰而长远的目标;25 年后进行了跟踪调查,这 3% 的学生大部分都成为各行各业的精英,而其他学生则比较平庸。

S 先生:你是说人一定要有目标,才会成功吗?

C 女士:一个好的目标会促使个体努力。你刚才讲要成为一个优秀的运动员,那么闭上眼睛想自己成为一个优秀的运动员,有现实感吗?

S 先生:好像没有。

C 女士:你想成为一个优秀运动员只能说是你的一个想法,不能算是一个目标。目标的一个必要条件就是要有一个期限。你的目标跟你的现实差多少,要实现目标需要多少时间? 现在要做的是什么? 确定这些,目标才会让你产生动力。

S 先生:如果没有时间限制的话,明明今天可以做好的事会一直拖下去,到头来什么也没干成。

C 女士:是的。如果只是一个愿望,仅仅是"如果怎样、怎样了,那很好"这样的一个想法,你的意志是不会出来说"干吧""加油"的。

改自：庄燕菲.图说运动心理[M].杭州：浙江工商大学出版社，2012.

从以上案例可知，梦想的实现离不开一个个目标的达成，无论是在体育学习还是在体育比赛中，为自己设置一个清晰的具体目标，并不断为之努力，将会使我们在学习或者是在比赛中达到事半功倍的效果。那么，什么是目标设置？如何评价一个目标？怎样在体育运动中进行目标设置？本章将围绕这些问题展开阐述。

单元二　掌握目标设置所需要具备的理论基础

第一步　学习目标定向的内涵

目标定向是一种有计划的认知过程，它具有认知、情感和行为的特征；是个体对工作、学习、学业成就和成功意义的知觉；也是个体努力展示自己的能力，并使自己的行为更为有效的内在特质；目标定向是关于个体追求成功任务的理由。对目标任务的表征反映了个体对任务的一种内在认知取向，是一个关于目标、胜任、成功、能力、努力、错误和标准的有组织的结构系统（Dweck,1988；Urdan & Maehr, 1995；Wandewalle, 1999；Pintrich, 2000）。

第二步　了解目标定向的理论及特点

一、目标定向的理论

（一）二因素理论

20 世纪 30 年代，美国心理学家如麦克杜格尔、托尔曼、勒温等开始重视动机的目的性与目标指向性，而成就目标定向理论的渊源是洛克在 1968 年建构的目标设置理论。在目标定向理论研究的早期，研究者大多把目标定向分为两种：学习目标定向（掌握目标或任务卷入）和成绩目标定向（自我卷入）。学习目标定向是指通过学习新的技能、控制新的环境来发展自己的能力。成绩目标定向是指通过寻求有利的评价和避免负面的评价来显示和证明自己的能力。

追求学习目标的个体认为智力是可以培养和发展的,因而需要去努力掌握新的知识和提高自己的能力;追求成绩目标的个体则认为智力或能力是天生、固定不变的,因而力求搜集与能力有关的证据以获得对自己能力的有利评价,避免消极评价。

(二)三因素理论

迈尔(1980)认为除了学习目标定向和成绩目标定向以外,还应将社会目标定向纳入成就目标定向理论中。因为个体是处在复杂的社会系统中,无时不受到社会因素的影响,社会目标定向(Social Goal Orientation)是引起道德意向和别人或自我对自己的赞许,它能使个体在一些困难或没有兴趣的任务面前表现出持续的努力和很强的坚持性。厄当(1995)也认为,只有将社会目标纳入成就理论当中,才能够更好地理解成就目标定向理论。此外,范德瓦勒在1997年根据自己的研究结果提出了成就目标定向三因素理论,他认为应该将成绩目标定向分为证实(Prove)和逃避(Avoid)两个维度,也就是我们通常所说的成绩—趋向目标和成绩—回避目标。这样,成就目标定向就可以分为3个因素,即成绩—趋向目标、成绩—回避目标和学习目标。

(三)四因素理论

埃利奥特等人(2001)又进一步将掌握目标和成绩目标与趋向动机和回避动机交错搭配,即趋向—掌握目标、趋向—成绩目标、回避—成绩目标、回避—掌握目标,构成了一个 2×2 的四成分成就目标理论模型。同时,他还进一步考察了4种成分与其重要的前因变量和结果变量之间的关系。前因变量是指影响个体采取某种成就目标的可能性,包括动机倾向、对课堂趣味性程度的知觉、内因理论、父母的评价以及个体的胜任感等。结果变量指所采用的某种成就目标可能导致的结果,包括加工策略、考试焦虑、成绩等因素。

二、目标定向的特点

(一)个人层面:内隐性

运动动机的目标定向思想最初是由美国伊利诺伊州大学的迈尔、尼克尔斯、埃姆斯、德韦克和罗伯茨等人在他们定期的周末研讨会上提出来的。目标定向理论认为,目标是个体在行动之前所确定的希望在某一时间内达到的行为标准。目标定向是运动动机的重要内容,从个人层面的角度出发,目标定向具有动机内隐性的特点,即目标定向是不是个体意识到的,产生于个体发展的早期,与对任务本身的兴趣有关,目标定向与人格的不同侧面相联系会产生不同的行为倾向。

(二)群体层面:差异性

学习目标定向的学生和成绩目标定向的学生在看待成功、运动目的、运动道德、攻击性行为以及运动快乐感等方面差别很大。在看待成功方面,学习目标定向的学生相信努力和理解学习内容以及与他人的合作可使学业进步,而成绩目标定向的学生则试图超越其他人。在运动目的上,学习目标定向的学生认为,运动应该使人深刻地认识到努力学习、与他人合作等的重要性;

成绩目标定向的学生则认为,运动应使人产生知名度和富有竞争能力。不同目标定向的学生对运动情景中取得成就的正当手段的理解是不同的,学习目标定向的学生更重视运动场上的道德修养,而成绩目标定向的学生比较喜欢采用欺骗性行为去获得成功。在获得运动快乐感方面,高学习目标定向的学生,不管技术水平如何,也不管是否获胜,都能从运动中获得乐趣。在学习策略方面,高学习目标定向的学生倾向于使用不同的策略。另外,在体育运动情境中,学习目标定向者与成绩目标定向者在成就动机和行为等方面存在差异。体育活动中目标定向不同会导致他们参与体育活动的动机、态度、信念、行为、情绪、注意、焦虑等方面的不同。

(三)社会层面:动态性

社会心理学者烈文(Lewin. K.)研究表明:人的行为与个人所处的环境有关,或者说人的行为是个体与环境交互作用的结果。尼克尔斯(1989)认为个体在一定领域的动机是由倾向性目标定向与环境或情境相互影响的结果,个体的倾向性目标定向与个体的情境性目标定向之间的关系决定着个体的认知和情感反应。

第三步　认识目标定向理论的意义与作用

目标定向理论认为:人们参与体育活动趋向于使用不同的定向,当人们参与体育活动的定向不同时,他们对参与体育活动的目的和自己在体育活动中努力的理由、对自己能力的认知、判断自己是成功还是失败,以及参与体育活动时的行为表现等也会不同。

正确的目标定向能使人们对所从事的事情、事业、活动产生更浓厚的兴趣,更加乐于接受挑战,寻求建设性解决问题的策略;反之,容易使人们对自己的能力失去信心,对所从事的事情、事业、活动失去兴趣。可以说,通过体育活动的乐趣性提高人的生活质量,使人生活得更加健康和幸福,无疑是大众体育的基石。这对青少年的体育教育和体育活动有更为重要的现实意义。

第四步　掌握体育活动中学生学习目标定向的培养策略

(1)帮助学生建立符合自身能力的期望目标
(2)引导学生关注自身的动作技能学习
(3)适当展开竞争,积极组织合作
(4)及时给予反馈,合理运用表扬的激励方式

【实践应用】

培养学生正确的学习目标

体育教师为了进一步强化学生跳高技术的正确表象,让一位个子高、身体素质好,能够较好

完成动作技术的学生进行示范。在该学生完成各项技术动作后教师表扬道:"你看,×××能够跳过这么高的高度,真的是很棒啊。同样是我教,而你们怎么就不行?"

该教师的表扬不恰当之处在于:

(1)只强调了学生跳过的高度,而没有分析该学生技术动作的优点和不足,这种表扬方式易使其他学生只关注跳的高度,形成成绩目标定向,不利于学生技能的学习。

(2)这种表扬方式增强了学生之间的横向对比程度,而没有考虑到学生之间的能力差异,易使学生更加关注与他人对比的结果,不易使学生形成目标定向,还易使一部分学生的自尊心受到伤害。

为了引导学生形成了良好的目标定向,该教师还可以:

(1)在教学中注意给学生提供合作学习的机会。教学时,教师可以采用分组练习和团队比赛的方式。在比赛中,教师对个人的成绩进行记录但不予公开报告,而是公布团队的总成绩。这样可以使学生更多地关注自己成绩的提高而不是和其他学生的成绩比较,也便于学生之间的鼓励和帮助,进一步提高了学生的兴趣,增强学生的团队意识,促进了学生学习目标定向的形成。

(2)在教学过程中针对学生的学习策略和所取得的进步等对学生进行评价,向学生提供他们进步的情况,并分阶段、分情况向学生提供有关他们的优点和缺点等有用信息,引导学生更多地进行自我纵向比较,而不是和别人进行比较,有助于学生学习目标定向的形成。

改自:季浏,殷恒婵,颜军.体育心理学[M].北京:高等教育出版社,2010.

第五步　学习目标定向有关的测量工具

目标定向的研究主要采用问卷分析的方法。国内外心理学者在一般教学领域常用的量表是尼克尔斯等人(1989)设计的《任务目标定向与自我目标定向量表》,此量表是用来测量课堂情境中学生的倾向性目标定向。杜达等人(1992)把 Nicholls 等人的研究结果引进了体育运动领域,经改编形成了《运动中任务目标定向与自我目标定向量表》(简称 TEOSQ),它可用来测定个体在运动中定向于任务目标还是自我目标的倾向性水平。该问卷共有13道题,两个分量表:自我目标定向(6题)和任务目标定向(7题)。要求被试从"极不同意"(1分)到"非常同意"(5分)中以"五选一"的方式进行回答。杜达等人(1995)对该量表所作的多样本验证性因子分析证明:两因子维度 TEOSQ 模型具有较高的适合性,杜达等人(1992)的研究也证明 TEOSQ 量表具有较高的内部一致性,两个分量表的 a 系数分别为 0.72 和 0.84。陈坚,姒刚彦(1998)用中国的样本对该问卷进行验证研究,研究显示该问卷具有较高的内部一致性。

学习如何在体育活动中进行目标设置

第一步 认识目标设置的内涵及其作用

一、目标设置的内涵

目标设置（Goal Setting）是指根据自身的能力或条件，确定在一定期限内所要达到的目标，以及达到目标所采用的步骤、策略和时间等。

体育活动中目标设置是指根据学生的体育能力和技能水平，确定在一定的时间期限内所要达到的体育学习和身体锻炼目标，以及达到目标所采用的步骤、策略和时间（祝蓓里，2000）。

二、目标设置的作用

在体育教学中，合理的目标设置能够在以下 4 个方面影响学生参与体育活动的行为表现和参与效果。

（1）能够将学生的注意和行为指向体育活动任务

（2）能够激发学生的学习动机并动员其能量，对提高学生的运动表现水平起积极作用

（3）能够让学生长时间地坚持参与体育活动

（4）能够促进新学习策略的形成

第二步 掌握目标设置时应注意的问题

一、根据实际能力设置目标

设置目标时，体育教师对学生能力以及学生对自己能力的恰当评价与判断是设置目标的重要依据。如果不能正确地分析和评价学生的实际能力，就有可能制订出过高或过低的目标，即不切合实际的目标。过高的目标会夸大学生的实际能力，易使学生产生畏惧感和挫折感，不利于目标的实现；过低的目标则会降低学生的运动动机，不能激发他们的挑战愿望，容易使学生的实际能力得不到充分发展。因此，设置目标时，应认真分析和评价学生现实的体能水平、运动技能水平以及心理素质，设置出合理的目标。

二、设置明确、具体、可测量且容易观察的目标

具体、明确、可测量且容易观察的目标是可以用语言加以描述和用文字记录的目标，即可以用次数、米数、秒数等可测定的量来确定的目标。明确的目标可以使学生更清楚要做什么、怎么做，需要付出多大的努力才能达到目标。设置具体明确的目标有助于引导学生形成明确而有效的追求成功的行为；有助于对目标进行评价；有助于定量化地检验是否达到了目标。特别是对于运动动机和技能水平较低的学生，设置具体明确的目标尤为重要。例如，一名男生的 100 米跑目前的成绩是 12.3 秒，体育教师提出一个月后要提高 0.3 秒，达到 12 秒，这就是一个具体而明确的目标。如果体育教师向这名学生提出"再跑快点""再努力些"等目标，这样的目标就是模糊笼统的目标。

三、设置既有挑战性又有可实现性的目标

一个好的目标应该既有一定的难度，又是可实现的。目标最好是学生需要经过较大努力才能达到的水平。只有这样的目标才具有挑战性，才能激发学生的运动动机。如果目标太容易完成，学生就体验不到挑战性，无法激发学习和锻炼的动机。相反，如果目标太难，学生反复努力后仍达不到这一目标，就会使其产生挫折感，怀疑自己的能力，使其动机水平降低，甚至放弃努力。因此，为了保证目标既有困难又有可能实现，可将学生最近的能力水平作为参考，并在必要时修正目标以适应情况的变化。

四、设置长期与短期相结合的目标

一般而言，短期目标比长期目标有效，短期内对人的行动容易产生立竿见影的推动作用。但必须有长期目标的引导，行动才能更加自觉和坚持不懈。长期目标与短期目标的结合与"爬山"相似。当人们决定攀登一座高山，其长期目标就是在一段时间之后站在山顶上向下俯瞰。然而当人们开始攀登时又要制订短期目标，如在停下来休息前先爬到距离自己较近的一块高地，当这一目标实现，制订短期目标的过程会继续，直到他们爬到山顶。因此，在为学生设置目标时，应将长期目标与短期目标相结合，将长期目标划分为多个短期的子目标，当子目标被一一实现后，就会增加长期目标实现的可能性。

五、既要设置目标又要提供反馈

对设置的目标提供反馈，有助于学生理解在向目标前进道路上的活动情况，能够作出及时的调整和改进。例如，有一项研究将 80 名自行车运动员安排在 4 种不同的训练条件下进行练习：①为 20 名运动员设置具体的活动完成目标；②为 20 名运动员提供获得完成活动的反馈信息，但没有目标设置；③为 20 名运动员设置了目标并获得了反馈；④ 20 名运动员没有目标设置也没有获得反馈（控制组）。研究结果显示，目标设置结合信息反馈对改进运动员的表现效果最佳（图 7-1）。可见，在体育教学中，根据学生的实际情况设置恰当有效的目标并及时提供反馈信息，能够激发学生体育学习的潜能，促进学生更好地掌握运动技能，提高锻炼效果。另外，教师对学生的反馈应以积极肯定为主，并指出其今后努力提高与改进的方向。

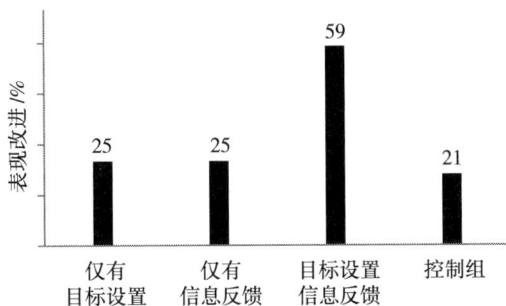

图 7-1　目标设置结合反馈信息对改进表现的效果

六、应尽量设置技术动作完成目标,而不是结果目标

技术动作完成目标是指学生要按标准要求完成技术动作(如在网球发球向前挥拍时,要伸直手臂)。而结果目标是指学生将注意力集中于最终是否能够获胜(如在比赛中要击败对手)。在比赛中要击败对手这种结果目标,只有部分处于我们自己的控制之中,实现这个目标还取决于对手的表现,以及个人能力控制范围以外因素的影响,如裁判、场地、气候以及观众等。由此可见,对技术动作的控制要优于对比赛结果的控制。

[实践案例]

张梦雪的夺金历程

2016 年里约奥运会,中国选手张梦雪在女子 10 米气手枪决赛中为中国代表团夺得首金。

张梦雪的夺冠历程前半段波折,后半段顺畅。她资格赛的成绩只有 384 环,列第七位进入决赛。然而,张梦雪决赛前四枪一直在 9 环左右,这么打下去,张梦雪将早早被淘汰。转机从第 5 枪开始,进入淘汰赛前,张梦雪慢慢追回比分,并凭借第 17 枪的 10.9 环,扩大领先优势。最终,张梦雪以 199.4 环的成绩打破奥运会纪录。

赛后采访中,张梦雪表示"自己每一枪对于名次都心里有数,只要自己没排在最后面就开始准备下一枪"。谈到比赛中让人印象深刻的 10.9 环那枪,张梦雪的反应倒是很平静,她说道:"当时看到很多人都很激动,但是自己没有多大感觉,动作做好了自然就有了。"当记者问道,在最后两枪离金牌很近,而自己又领先对手很多时,心里是怎样的一种状态时,张梦雪说道:"当时想过夺冠的事情,不过还是想着打完了再开心,一定要坚持到最后一发。"

七、教师与学生共同制订目标

在体育教学中,教师和学生一起制订目标不仅可以尊重学生的个人意志,促进教师与学生之间的相互交流和沟通,还有助于提高学生的责任感和完成目标的积极性,充分发挥学生的创造性。例如,在足球教学课上进行头顶球的练习,教师让每个学生报出自己目前头顶球的个数,将水平相同的人分在一组,而后,教师与各组学生一起分别制订出各组努力达到的头顶球个数。这样做既体现了学生的个人意愿,使学生感受到自己的责任感,又充分考虑到学生的个体差异,有利于激发学生学习的动机。

"哈佛精英的人生轨迹"研究

美国哈佛大学专门对1970年毕业的一批学生作了一项长达25年之久的关于目标对人生影响的跟踪调查。

1970年研究者对该批学生的人生目标进行调查,结果发现:27%的人没有目标;60%的人目标模糊;10%的人有清晰但比较短期的目标;3%的人有清晰且长期的目标,并能把目标写下来,经常对照检查。

25年后,即1995年,研究者又对当年被调查的学生进行了一次调查,结果发现:3%有清晰且长期目标的人,25年来几乎不曾更改过自己的人生目标,朝着同一方向不懈努力。25年后,他们几乎都成了社会各界的成功人士,他们中不乏创业者、行业领袖、社会精英。

10%有清晰但比较短期目标的人,大都生活在社会的中上层。他们的共同特点是,那些短期目标不断被达成,生活状态稳步上升,成为各行各业不可或缺的专业人士,如医生、律师、工程师、高级主管等。

60%目标模糊的人,几乎都生活在社会的中下层,他们能够安稳地生活与工作,但都没有什么特别的成绩。

剩下的27%从来没有目标的人,他们几乎都生活在社会的最底层。生活过得不如意,常常失业靠社会救济生活,并且常常都在抱怨他人,抱怨社会,抱怨世界。

此调查结果告诉我们目标与成功的关系。一个人的成功与否与这个人有一个什么样的目标有很大的关系。我们往往会注意到目标的大小,但很少有人会考虑目标的清晰与否及目标的长远性。清晰长远的目标才是好目标,才会鞭策你不断前行。

改自:庄燕菲. 图说运动心理[M]. 杭州:浙江工商大学出版社,2012.

单元三　学习团队目标设置的方法

第一步　理解团队目标设置的作用

一、团队目标

组织行为学权威、美国圣迭戈大学的管理学教授斯蒂芬·P. 罗宾斯(Stephen P Robbins,1994)认为团队是由一种为了实现某一目标而相互协作的个体所组成的正式群体。从这个定义可以看出,团队具有 4 个特点,即成员之间相互依存、成员之间相互协调、团队以实现共同目标为主要任务、团队成员对团队的成败负有责任。

团队目标是一个有意识地选择并能表达出来的方向,它运用团队成员的才能和能力,促进组织的发展,使团队成员有一种成就感。

二、团队目标的作用

(一)凝聚作用

在集体项目比赛中,团队成员在心里形成一个强烈、明确的目标后,那么在这个目标的指引下,团队中所有人的注意力全部都会集中在比赛中。

(二)导向作用

由于目标不仅仅是一个结果,更重要的是目标也规定了实现该目标的方法、措施和步骤。例如,在一场比赛中,目标就是要赢取这场比赛,按照这样的目标,我们会制订在失利的时候如何打比赛、在有优势的时候采用什么样的方法进行比赛、在僵持不下的情况下采用什么方法打开僵局等策略。因此,目标对于所采取的方法和策略具有导向性的作用。

(三)激励作用

明确的目标能够使人看到前景,起到鼓舞人心、振奋精神的作用;制订的目标本身应具有一定的挑战性,这种挑战性可以激发人的积极性和创造性;当团队目标实现后,团队成员会在心理上产生一种满足感和自豪感,激励每一名团队成员以更大的热情和信心去承担更重要的任务。另外,团队目标也是评价团队各项工作成绩好坏、质量高低的标尺。

第二步 掌握团队目标设置的方法

在体育运动中,团队目标的设置过程一般可分为计划、执行、检查 3 个阶段(Gould,2001)。以上 3 个阶段都很重要,从教师、教练员的角度讲计划阶段是最重要的。没有好的计划以及有效的需求分析,接下来的执行阶段和检查阶段就不会有好的效果。当每一个团队成员都有了具体的、定量的目标后,他们就会自觉、努力地实现这些目标,并对照目标进行自我检查、自我控制和自我管理。通过监督、反馈来完善控制系统,保证目标的执行。团队目标设置的检查阶段通过建立健全的目标考核体系来引导、约束和激励团队成员的行为,并通过检查目标实施的进度、质量、均衡,以及目标对策(措施)的落实情况以便及时发现问题、解决问题。

【理论拓展】

SMART 原则

团队目标进行分解的过程就是按照"SMART"原则制订团队目标的过程。如果一个目标能够符合"SMART"原则,那么它就是一个好的目标。"SMART"原则是五个英文单词的第一个字母,把它们组合在一起称为"SMART"原则。

（1）"S"表示 Specific,即明确性,在制订团队目标的时候,首先必须要做到清楚、明确、具体。

（2）"M"表示 Measurable,即衡量性。制订的目标能够测量。

（3）"A"表示 Acceptable,即可接受性,也就是说目标确定以后,团队成员可以接受,也愿意接受。

（4）"R"表示 Realistic,即实际性,这个目标制订出来之后要是实现的、可行的、可操作的。

（5）"T"表示 Timed,即时限性,也就是说有时间限制的。

引自:季浏,殷恒婵,颜军.体育心理学 [M].北京:高等教育出版社,2010.

任务小结

目标定向(Goal Orientation)是一种有计划的认知过程,它具有认知、情感和行为的特征;是个体对工作、学习、学业成就和成功意义的知觉;也是个体努力展示自己的能力,并使自己的行为更为有效的内在特质;目标定向是关于个体追求成功任务的理由。对目标任务的表征,反映了个体对成就任务的一种内在认知取向,是一个关于目标、胜任、成功、能力、努力、错误和标准的有组织的结构系统。目标定向具有内隐性、差异性和动态性。正确的目标定向能使人们对所从事的事情、事业、活动产生更浓厚的兴趣,更加乐于接受挑战,寻求建设性解决问题的策略。我们可以通过引导学生关注自身的动作技能学习;合理运用表扬的激励方式;合理采用分组教学的形式以及采用合理的评价方式来培养学生的学习目标定向。

体育活动中目标设置是指根据学生的体育能力和技能水平,确定在一定的时间期限内所要达到的体育学习和身体锻炼目标,以及达到目标所采用的步骤、策略和时间。在目标设置过程中应根据实际能力设置目标;设置明确、具体、可测量且容易观察的目标;设置既有挑战性又有可实现性的目标;设置长期与短期相结合的目标;既要设置目标又要提供反馈;应尽量设置技术动作完成目标,而不是结果目标;教师与学生共同制订目标。

思考题

1.请结合自己以及周围的人在运动中的表现,分析自己及他人是什么目标定向。

2.您最近为自己或他人设置过目标吗?结果如何?如何评价目标结果?结合本章内容,简要评价自己设置的目标。

【推荐阅读】

庄燕菲.图说运动心理[M].杭州:浙江工商大学出版社,2012.

《图说运动心理》以文字叙述为主线,以漫画为重点,介绍了一些运动心理的基本知识和方法。每个知识点的阐述由3部分组成:一用通俗简洁的语言阐述基本概念,二用对话问答形式说明重点难点,三用漫画小故事的形式进行直观解释,部分篇章插入了相关经典实验以加深认识。

任务八
学会在体育实践中进行合理归因

【学习目标】

　　1. 了解归因、运动归因、归因偏差、习得性无助感、归因训练的概念。

　　2. 认识归因的维度、习得性无助感影响因素及其应对措施。

　　3. 掌握归因训练的途径与方法。

　　4. 学习改善归因的具体方法。

【关键词】

　　归因　内外源　稳定性　可控性　习得性无助感　归因训练

【导入案例】

对失败的不同说法

　　在青少年篮球比赛中,一群青年在与强队交锋后以 8 : 48 惨败,比赛结束后队员们就失败原因进行了探讨,其中甲学生说:"我们这次的失败是由于比赛管理不利。"乙学生说:"我认为这次失败是因为场地恶劣。"而丙学生却哭着说:"我认为失败是因为自己不够努力。"随着孩子们开始寻找失败的原因,其中两个孩子的父亲逐渐明白,每一个孩子对失败原因的认识有所不同,但每一种解释都显示了重要信息,表明孩子们都试图通过自己的观察来总结失败的原因。

　　改自:理查德·考克斯. 运动心理学——概念与应用 [M]. 张力为,等译. 北京:清华大学出版社,2003.

　　从上述案例可以看出,不同的人对同一结果的原因归类不同。这一现象广泛存在于社会生活的各个领域,是人们自然而然、随时随地进行的一种心理活动。那么这种形成不同认知的心理活动是什么? 影响个体对结果产生不同认知的因素又是什么? 如何将这种方式运用到体育教学实践中? 本章将围绕这些问题展开阐述。

学习运动归因所需要的理论基础

第一步 了解归因、运动归因、归因训练的概念

一、归因

归因（Attribution）是指个体对自己或他人的行为原因加以解释和推测的过程。

二、运动归因

运动归因（Sports Attribution）是指个体对自己或他人与运动相关的行为原因加以解释和推测的过程。

第二步 认识 Weiner 归因理论

美国心理学家伯纳德·韦纳（Bernard Weiner）的归因理论是当前归因研究中最有影响的理论。韦纳（Weiner，1974）认为人们对行为成败原因的分析可归纳为六个原因，即：能力、努力、任务难度、运气、身心状态和其他因素。并将这六个因素归纳为三个维度，即内外源维度、稳定性维度、可控制维度。

韦纳等人认为人们对成功和失败的解释会对其以后的行为产生重大的影响。如果把考试失败归因为缺乏能力，那么以后的考试还会出现失败；如果把考试失败归因为运气不佳，那么以后的考试就不大可能出现失败，这两种不同的归因会对生活产生很大的影响。

韦纳的归因模型见表 8-1。

表 8-1 韦纳的归因模型

	内　部		外　部	
	稳定的	不稳定的	稳定的	不稳定的
可控的	自己稳定的努力	自己不稳定的努力	他人稳定的努力	他人不稳定的努力
不可控的	能力	情绪、健康	任务难度	运气

第三步　掌握运动归因的维度

一、内外向

内外向也称(原因的)控制点,是指对行为结果(成功与失败)从内因或是外因加以评判。在日常生活中,人们多会相信有某些因素控制着他们的生活,这些因素便是他们的控制点。

二、可控性

可控性是指归因者认为导致某一结果的原因是否可控。可控因素指经由努力可凭主观意志控制的因素,反之为不可控因素。例如成功后归因于自身的努力,是可控性归因;归因于任务难度大,是不可控性归因。

三、稳定性

稳定性是指内因或外因的稳定与否。例如,运动员能力高低、任务难度属于较为稳定的因素,而努力程度和机遇则属于不稳定因素。当然经过长期、系统的训练,人的能力可以得到提高,原有的任务也会显得较为容易。但此处稳定性的含义是:能力高低与任务难度更具有长期效应,而努力程度和机遇往往只具有短期效应。

【理论拓展】

归因的意向性和整体性

意向性是学者们在内外向、可控性和稳定性三个维度的基础上进一步的扩充和完善,是通过意向把对象包含在自身中的过程。意向性作为归因的一个维度是由埃利格和弗里茨(Elige & Frieze,1975)提出的。凯勒(Kelly,1980)觉得意向性可分属于控制性维度。比德尔和詹姆斯(Biddle & Jameson,1998)认为,对于体育运动情境中的归因来说,意向性是个必要的维度。例如,运动员的注意力无法集中可被看作导致失败的、可控的,但非意向性的原因。

整体性是指对某一原因是影响某一特定情境中的特定事件还是影响情境中的许多事件的认识。普拉帕维西(Prapavessis,1988)认为,整体性可能是体育运动领域归因的一个重要维度。例如,网球比赛失利后,如果运动员认为自己根本就不具备打网球的天赋,会导致其自信心下降,甚至离队退役;如果认为只是自己对左手打法不太适应(将原因控制在具体的范围内),他就可能加强对打训练,以提高自己适应不同球路的能力,进而提高自信心。

资料来源:王斌,运动心理学 [M]. 杭州:浙江大学出版社,2014.

第一步 了解归因偏差的内涵

归因偏差(Attribution Bias)指的是个体系统地歪曲了某些本来是正确的信息,有的源于人类认识过程本身固有的局限,有的则是由人们不同的动机造成的。在某些条件下归因偏差的出现是一种必然的心理反应。

第二步 掌握归因偏差形成的原因

形成归因偏差的主要原因如下所述。

(1)行为者与观察者的归因偏差,是指对同一行为,实施行为的人与旁观者所作出的归因是不同的、有分歧的。

(2)利己主义归因偏差是指人们一般把良好的行为或成功归因于自身,而将不良的行为或失败归因于外部情景或他人。

(3)其他导致归因偏差的因素,如迷信、宿命论、行为者的社会地位、长相及性格差异等也会导致归因偏差。

【理论拓展】

运动中的习得性无助感

习得性无助感(Learned Helplessness)指的是当个体反复经历失败或挫折以后,面临同样的问题时产生的无能为力、丧失信心的心理状态。其具体表现为以下几个方面:

1.对一项活动坚持的时间短,退出时间早,甚至根本就不尝试或参与该项活动。

2.将失败归因于缺乏能力而不是缺乏努力。

3.将自己看作失败者。

4.不觉得进行更多的努力可导致成功。

5.认为运气好或任务较容易是成功的原因。

6.不愿冒失败的风险,他们在学习新技能的环境中感觉不快乐。

7.对成绩感到无法控制,将失败看作在自己的控制范围之外。

然而导致习得性无助感的影响因素很多,包括自身因素、教学因素以及社会因素。其中自身因素包括自身经历失败的次数较多、进行不正当的归因、缺乏学习的主动性以及制订了无效的学习计划等;教学因素又可以包括不良的教育环境、教师给予学生不合理的评价以及不平等的师生关系等。社会因素包括不良的竞争环境、未获得重要他人的反馈信息等。基于此,我们对具有习得性无助感的学生给予的应对措施如下所述。

1.对学生进行合理归因训练,提高学习的积极性和主动性。

2.教师要对学生进行积极反馈,给予合理评价,建立良好的师生关系。

3.构造和谐的生活环境。

改编自:温清霞.习得性无助研究述评[J].江苏技术师范学院学报,2014,20(1):64-70.

【实践应用】

"屡战屡败"的考试

小红是某高校的一名大三学生,为通过英语四级考试,她制订了很多学习英语的方案,考了很多次,但考试结果总是不尽如人意。即便有几次接近考试通过分数,她也会认为是自己的运气好罢了。在这种苦恼之下,她受到老师、家长、同学们的"特别的评价"。于是,她不再学习英语,认为自己没有能力学习英语,对英语产生了一种无能为力的感觉,并认为自己考不过是很正常的事情。

小红之所以产生这样的心理,原因在于:

(1)小红的归因方式不合理,制订了无效的学习计划,造成了多次考试的失败,长此以往,对英语产生了无助感。

(2)小红受到了教师、家长以及同学们的消极评价,这些评价造成了不良的教学环境和家庭环境。

为帮助小红克服习得性无助感,我们可以采用下述方法。

(1)学生自己应该提高学习的主动性,制订有效的学习计划,合理归因。在日常生活中,小红应该根据自己的实际情况制订一套学习方案,多次反馈,积极归因。

(2)教师应该创造良好的教学环境,给予学生积极的鼓励和评价,建立平等的师生关系,创造一个和谐的教学环境。

(3)家长应该给予学生合理的反馈信息,关注自己的孩子,给予他们理解与支持,帮助其消除不良的心理,积极营造良好的生活环境。

学习运动中的归因测评与训练

第一步 了解运动归因的测评工具与方法

运动情境中常用的归因测量工具与方法如下所述。

(一)运动归因方式量表

运动归因方式量表(Sport Attributional Style Scale, SASS),是以对体育运动中成败的主观解释为基础,来评估被试归因方式的工具。运动归因方式量表分为五个维度,即稳定性、内外源、可控性、整体性和意向性。该量表包括 8 个积极事件(如你在比赛中发挥得很好)和 8 个消极事件(如你未能入选一场重要比赛的代表队),要求被试真实地想象自己处于某一事件中,寻找一个最有可能引发事件的原因,并对该事件和该原因进行分析。

(二)运动成就归因量表

由温格特(Weingarten, 1984)开发的运动成就归因量表(Wingate Sport Achievement Responsibility Scale, WSARS),用于评估运动员对成败的归因中所持的稳定的态度和期望。该量表包括两个版本:一个适用于集体运动项目,一个适用于个人项目。每个版本包含 11 个成功事件和 11 个不成功事件。量表中所涉及的运动情景十分广泛,如与教练、观众、队友的相互作用时,对成功与不成功的运动表现的看法等。每一条目包括两种选择:外部和内部。例如:"体育运动中的好成绩通常是运气或不可控的因素造成的,还是运动员个人努力的结果?"要求被试在"0"(内部)到"5"(外部)的范围内作答。

(三)运动员归因训练效果评价系统

韦纳(Weiner, 1974)的归因理论认为,归因训练能够达到归因的合理转变和积极情感的形成,从而提高成就动机水平、促进坚持性行为和增强学业成就感。

为检验归因训练的有效性,制订能增强运动员竞技心理技能的归因训练模式,王斌(2008)在结合我国体育运动实践和运动员归因训练需要的基础上,开发了运动员归因训练效果测评系统。该系统根据参加运动会的级别、参赛项目、比赛成绩、比赛结果,从韦纳归因理论的三个维度引导被试对行为结果进行归因。

该系统的评分标准:①被试在每个条目上选择的数字即为该条目的分数。②该系统共 9 个条目,其中内外源包括 A1、A4、A7;稳定性包括 A2、A5、A8;可控性包括 A3、A6、A9。每个维度的得分在 15 分以上者,即判断为内部源、稳定性、可控制性;每个维度在 15 分以下者,即判断为外部源、不稳定性、不可控性。该测评系统会根据得分情况直接显示被试所属的归因类型。

第二步　学习归因训练的概念、作用、途径与方法

一、归因训练概念

归因训练是指通过一定的训练程序,使个体掌握某种归因技能,形成比较积极的归因风格。

二、归因训练的作用

(1)有助于认识自我并接纳自我。

(2)形成合理的归因方式。

(3)提高分析问题的能力。

三、归因训练的途径与方法

根据福斯特林(Forsterling,1996)的研究,归因训练可通过以下两种途径进行。

(一)错误归因训练

错误归因训练的理论基础是沙赫特和辛格(Schachter & Singer,1962)的激活情绪归因理论。他们认为,个体在生理唤醒和认知过程相互作用下经历着特殊情绪体验,生理唤醒处于积极状态时能够增强愉快的情感,生理唤醒处于消极状态时能够增强愤怒的情感。这一设想被应用于临床工作,通过干预不同生理唤醒状态,引起期望的归因,从而改变个体的消极情绪,达到训练的目的。

(二)再归因训练

1.团体发展方法

小组成员在一起讨论、分析行为的原因,并由一名受过一定心理学训练的教师或教练对个人及整个小组的情况作出比较全面的评估,引导他们正确地归因。然后,要求每个人填写归因量表,从一些备择原因中选出与自己行为最有关联的因素,并对几种主要因素所起作用的程度作出评定。教师或教练对这些自我评定和归因结果进行统计分析,并及时向小组成员作出反馈,指出归因偏差,鼓励比较符合实际的、积极的归因方法。

2.强化矫正方法

学生或运动员要在规定的时间里完成某种行为,然后要求学生在事先预备的归因因素列表中作出选择,对行为作出归因。每当学生作出比较积极的归因时,立即给予鼓励或奖赏,并对那些很少作出这类归因的学生给予暗示和引导。

3.观察学习法

学生或运动员观看几分钟归因训练的录像片,片中表现学生或运动员在完成某一行为时进

行归因的情况。并在观看录像后,让学生或运动员重复类似的行为。这样,能够使观察学习的效果更好地迁移到平常的体育学习与训练中。

第三步　理解运动归因的影响因素

运动归因的影响因素见表8-2。

表8-2　运动归因的影响因素

因素种类	主要内容
内部因素	个性特征
	成就动机
	自我效能感
	性别
	年龄
外部因素	社会文化背景特征
	运动项目特征
	训练年限
	比赛结果

一、内部因素

影响归因的因素主要包括内部因素和外部因素,其中内部因素包括个性特征、成就动机、自我效能感、性别、年龄和训练年限等;如具有外向特质的运动员,面对成败时倾向于内部归因;而具有内向特质的运动员则倾向于外部归因;在成就动机方面,高成就动机者倾向于将成功归因于能力,而低成就动机者则把成功归因于运气。

二、外部因素

外部因素包括社会文化背景特征、运动项目特征、训练和比赛结果等。

在运动项目特征方面,罗斯(Ross,1977)的研究发现某些特定项目的运动员,其归因方式会受到专项性质与结构的影响。此外,教练员、运动队的凝聚力及家庭背景等均是影响运动员归因的因素;其自我价值保护同样会影响其归因,因为个体在归因过程中,对有自我卷入的事情解释,会带有明显的自我价值保护倾向,即归因向有利于自我价值的方向倾斜。

第四步　掌握改善归因的具体方法

(1)进行积极的反馈。

（2）增加成功的体验。

（3）建立成功与失败的恰当标准。

（4）明确各种因素的可控性。

（5）设置明确与具体的目标。

（6）强调个人努力。

（7）谨慎地比较个体之间的差异。

（8）实事求是。

【实践应用】

合理归因，促进运动技能掌握

白某是某高校的一名大二非体育专业的学生，在一节训练高远球的羽毛球课上，白某和一个体育专业的学生被分为一组对练高远球，无论对方回球多好，白某总是不能以高质量的球回打给对方，几个回合下来，他已经筋疲力尽，于是找到了任课王老师寻找原因。白某问："王老师，您说为什么我这么努力还是打得不好？"

王老师说："我看过你打球，其实你可以尝试一下像小强那样，把手臂抬高一点，迎着球打，找到合适的击球点，我想这样会好很多。"于是，白某开始和小强打球，听从老师的指导建议，打出了几个高质量的球。这时候，老师让白某与另外一名同样是非体育专业的同学对练，并告诉他只要动作正确，连续打10个到对方底线的高远球就算成功了。10分钟过去了，白某的球打得越来越好，完成了老师规定的任务。老师对白某说："当自己状态不好的时候，不要一味责怪身边的不可控因素，要适当地调节自己的动作技术，把注意力放在可控因素上，通过自己的努力就会成功。"

从上述案例可以看出，白某之所以能打出越来越好的球，原因在于王老师对白某进行了积极的反馈，鼓励他通过改进技术，增强自信心，将注意力放在可控性较大的因素上，忽略那些不可控制的小因素，最终，白某通过个人的不懈努力获得了成功。

归因是指个体对自己或他人的行为原因加以解释和推测的过程。人们进行归因活动的目的是更好地总结经验教训,为生活中的活动创设捷径,取得更好的成绩。归因活动是一种普遍的心理现象,它渗透在人们的生活、工作的各个领域。

运动归因(Sports Attribution)是指个体对自己或他人运动相关的行为原因加以解释和推测的过程。运动归因是一种很普遍的现象。

归因偏差(Attribution Bias)指的是认识者系统地歪曲了某些本来是正确的信息,有的源于人类认识过程本身固有的局限,有的则是由人们的不同动机造成的。归因偏差的出现是一种在某些条件下必然出现的心理反应,心理学的研究表明,成功时人们的正常心理反应是感到自己有能力,失败时则倾向于把责任推诿给外界和他人。这样归因对于人的心理调节和自我防卫是有利的。但在实践中若出现归因偏差,将不利于促进运动参与者运动目标的实现。

习得性无助感(Learned Helplessness)是指个体经历了多次失败或挫折以后,面临问题时产生的无能为力、丧失信心的心理状态与行为。当个体形成了习得性无助感时,会导致学习与生活中积极主动性的丧失。这将给其一生的发展带来相当不利的影响。

归因训练(Attribution Training)是指通过一定的训练程序,使个体掌握某种归因技能,形成比较积极的归因风格。通过归因训练,个体可以获得各种形式的归因反馈信息,从而消除归因偏差,形成积极的情感和期望,是增强成就动机、矫正自卑心理、增进身心健康的重要途径和方法。具体而言,归因训练在促进个体认识自我、接纳自我、形成合理的归因方式以及提高分析问题的能力等方面具有重要作用。

思考题 —— 1.不同的归因会不会影响运动员的训练行为与效果?结合实际谈一谈影响归因的因素有哪些?

2.请结合体育实践谈一谈导致学生习得性无助感的因素有哪些?假如你是一名教练员,会采取什么办法帮助其克服习得性无助感?

【推荐阅读】

勒恩斯.运动心理学导论[M].姚家新,等,译.3版.西安:陕西师范大学出版社,2005.

《运动心理学导论》一书的内容涉及了许多运动心理学家以及运动心理学专业学生感兴趣的主题。同时,也编入了近几年出现的一些重要的课题。

本书前面一半的内容是关于研究应用,内容包括:唤醒和焦虑,技能学习的规则,降低焦虑和提高成绩,动机理论,社会心理学以及攻击等。而本书后面一半的章节(15—26章)内容是一些研究性少、应用性强的专题,如心理测评、女性运动员或教练员的问题、青少年体育运动、教练员以及锻炼心理学等。

任务九
运用心理学原理对体育教学法进行分析

【学习目标】

    1.了解体育教学法的概念及其心理学理论。

    2.理解影响体育教学法的心理学因素。

    3.掌握常用的体育教学法的心理学设计。

    4.学会体育教学法在教学实践中的应用。

【关键词】

    体育教学法   心理学原理

【导入案例】

一次成功的分组教学

    孙老师在体育新授课的跳鞍马项目中遇到了麻烦，因为他所带的这个班级有几个身材比较矮小、性格偏内向的学生，这些学生一开始就对跳鞍马产生了畏惧感，无法进行一次完整的尝试性练习。孙老师在教学过程中注意到了这个情况，他决定就以李平为突破口，消除他们对跳鞍马这个项目的恐惧感。

    在第二堂课中，孙老师还是安排了跳鞍马这个项目作为教学内容。他把李平和那几个对跳鞍马有畏惧感的同学编到了一个练习组，让他们围在鞍马旁边，边听边看他对技术动作中关键部分(起跳分腿和双手下压)的讲解和示范，在运用轻松的语调进行讲解过程中注意观察学生的表情。然后再从第一堂课中学得较好的、身体素质和李平他们差不多的同学当中选出一个同学到这个组中进行示范，并鼓励李平他们说："你们也可以做得和他一样好。"随后就要求李平进行试跳，孙老师则站在鞍马旁用目光给李平鼓励。第一次李平还是不敢用力踏跳，孙老师对他微笑着点点头，说："你肯定能行！在起跳前速度不要慢下来，注意刚才讲的动作要领。"李平重新回到队伍中，他抬头再看了孙老师一眼，并闭上眼深吸了一口气，进行再一次的试跳。

    过了！伴随着孙老师的一声"好！"李平有点失去平衡地落在垫子上，他还有点不相信自己真的就过来了。他抬起头发现孙老师的眼睛里是满眼的赞许，还向他跷起拇指，说："再来一次！"李平感觉心里一阵温暖，他快步走到队伍的最前面，看着鞍马再一次准备跳跃。"非常漂亮！"当李平稳稳地落在垫子上的时候，他听到了孙老师喜悦的声音："你成功了！"随后在李平的示范下,他们这组同学也在孙老师的鼓励之下——完成了动作。

改自:王斌.体育心理学 [M]. 武汉:华中师范大学出版社,2011.

在日常体育教学中,体育教学法的效果不仅取决于教师传授的知识、技能数量,更取决于学生的意识和情感。因此,体育教学法恰当运用与否离不开心理学设计。本章主要了解体育教学法的概念及其心理学理论,理解影响体育教学法的心理因素,分析体育教学法的心理学基础,探索如何优化体育教学方法,掌握常用的体育教学法的心理学设计并在体育教学中应用。

单元一 学习体育教学法的概念及相关理论

第一步 了解体育教学法的概念

体育教学法是教师为达到既定的体育教学和教育目的而实施的教学原则和方法。

第二步 学习体育教学法的心理学理论

一、格式塔心理学理论

格式塔心理学理论认为思维是整体的、有意义的知觉,而不是联结起来的表象的简单集合;主张学习在于构成一种完形,是将一个完形改变为另一完形。他们认为,学习不是试尝错误的过程,而是顿悟的过程,即结合当前整个情境对问题的突然解决。

【知识拓展】

格式塔经典实验

在箱子系列实验中[见图 9-1(a)],苛勒把黑猩猩置于放有箱子的笼内,笼顶悬挂香蕉。简单的问题情境只需要黑猩猩运用一个箱子便可够到香蕉。复杂的问题情境则需要黑猩猩将几个箱子叠起方可够到香蕉。在复杂问题情境的实验中,有两个可利用的箱子。当黑猩猩 1 看到笼顶上的香蕉时,它最初的反应是用手去够,但够不着,只得坐在箱子 1 上休息,但毫无利用箱子的意思;后来,当黑猩猩 2 从原来躺卧的箱子 2 上走开时,黑猩猩 1 看到了这只箱子,并把这只箱子移到香蕉底下，站在箱子上伸手去取香蕉，但由于不够高仍够不着，它只得又坐在箱子2上休息；突然间，黑猩猩1跃起，搬起自己曾坐过的箱子1，并将它叠放在箱子2上，然后迅速地登箱而取得了香蕉。三天后，苛勒稍微改变了实验情境，但黑猩猩仍能用旧经验解决新问题。

在棒子系列实验[见图9-1（b）]中，笼外放有食物，食物与笼子之间放有木棒。对于简单的棒子问题，黑猩猩只要使用一根木棒便可获取食物，复杂的棒子问题则需要黑猩猩将两根木棒接在一起（一根木棒可以插入另一根木棒），方能获取食物。在复杂的棒子问题情境

（a）　　　　　　（b）

图9-1　黑猩猩学习实验

中，最初只见黑猩猩一会儿用小竹竿，一会儿用大竹竿来回试着拨香蕉，但怎么也拨不着。不得已，它只得拿着两根竹竿舞动着，突然，它无意中把小竹竿的末端插入了大竹竿，使两根竹竿连成了一根长竹竿，并马上用它拨到了香蕉。黑猩猩为自己的这一"创造发明"而高兴，并不断地重复这一接棒拨香蕉的动作。在第二天重复这一实验时，苛勒发现黑猩猩很快就能把两根竹竿连起来取得香蕉，而没有漫无目的地尝试。

苛勒通过对黑猩猩上述问题解决行为的分析，发现黑猩猩在面对问题情境时，在初次获得食物的行为不成功之后，并未表现出盲目的尝试——错误的紊乱动作，而是坐下来观察整个问题情境，后来突然显出了领悟的样子，并随即采取行动，顺利地解决了问题。这就是所谓顿悟，顿悟学习的实质是在主体内部构建一种心理完形，而完形是一种心理结构，是在机能上相互联系和相互作用的整体结构，是对事物关系的认知。

格式塔心理学理论对体育学习的启示如下所述。

1.顿悟学习可以避免多余的失误，同时又有助于迁移

格式塔心理学家认为，通过对问题情境的内在性质有所顿悟的方式来解决问题，就可以避免与这一问题情境不相干的大量随机的、盲目的行动，而且有利于把学习所得迁移到新的问题情境中去。如学生在学习立定跳远后，对跳远的动作过程、发力点等的思考，顿悟其中规律，那么学生在三级跳学习中就可以运用自己在跳远中习得的技能。

【知识拓展】

学习迁移也称训练迁移，指一种学习对另一种学习的影响，或习得的经验对完成其他活动的影响，其实质是经验的整合。

引自：冯忠良，伍新春，姚梅林，等．教育心理学[M]．北京：人民教育出版社，2013.

2.真正的学习是不会遗忘的

学习过游泳的人,即使长时间不游泳,入水后仍然会游泳,这就是运动学习的长时记忆。学生对体育学习的浓厚兴趣能引导其继续坚持体育学习,通过顿悟获得的理解,不仅有助于迁移,而且不容易遗忘。

3.创造性思维

如健美操学习起初是对已有的成套技术动作的学习,通过对这些技术动作的学习,学生可以将其中的某些动作从原有套路中提出并与其他动作进行组合,从而形成新的套路动作,这就是最初的健美操套路创编。在多套动作的创编与学习中,学生可以思考顿悟出健美操套路的创编原则与技巧,进而激发其创造能力,创编出新的套路。

二、期望效应

期望效应也称皮格马利翁效应,是指教师的期望能激活学生的潜能,从而使学生获得学习上的进步。

【经典实验】

心理实验——皮格马利翁效应

1960年,哈佛大学心理学家罗森塔尔博士曾在加州一所学校做过一个著名的实验,他随意从每班抽3名学生共18人并把他们的名字写在一张表格上交给校长,极为认真地说:"这18名学生经过科学测定全都是高智商型人才。"半年后,罗森塔尔博士又来到该校,发现这18名学生的成绩的确超过一般人,进步很大,再后来这18人全都在不同的岗位上干出了非凡的成绩。这一现象就是期望效应。罗森塔尔借用一希腊神话中的主人公的名字,把这种效应命名为皮格马利翁效应。

体育心理学对此实验进行研究发现,教师的期望是实验结果产生的原因。由于教师认为这个学生是天才,因而寄予他更大的期望,在上课时给予他更多的关注,通过各种方式向他传达"你很优秀"的信息,学生感受到教师的关注,会产生一种激励作用,学习时加倍努力,最终取得了好成绩。这种现象说明教师的期待不同,对学生施加影响的方法也不同,学生受到的影响也不同。

皮格马利翁效应在学校体育教育中表现得非常明显。受老师喜爱或关注的学生,一段时间内学习成绩或其他方面都有很大进步,而受老师漠视甚至歧视的学生就有可能从此一蹶不振。一些优秀的老师也在不知不觉中运用期待效应来帮助后进学生。

了解影响体育教学法实践效果的心理学因素

体育教学在教师与学生的共同参与下进行,体育教学既有教师的教,又包含学生的学。从教师与学生两方面因素进行探讨,探寻其中的心理学因素与规律,为体育教学提供心理学依据,更好地实现体育教学目标。

第一步 了解影响体育教学法实践效果的教师心理因素

一、教师的情感品质

现代心理学研究表明,认知与情感是密不可分的。在教学中,认知活动始终伴随着情感活动,即师生之间不仅有认知方面的信息传递,而且有情感方面的信息交流。体育教师对体育事业的热情,将直接影响体育课的教学质量。体育教师的情感品质不仅表现在对学生无私的爱,而且还体现在教师具有稳定的情绪和幽默感。

二、教师的智力品质

在体育教学和训练中,体育教师不仅要为学生传授知识和技能,更要组织好课堂,这是对体育教师各方面能力的综合考验。这种心理品质对教学的作用主要表现在以下几个方面:①敏捷和灵活的思维能力;②创造性的想象能力;③敏锐的观察力;④较强的记忆力。

三、教师的意志品质

体育教师应具备的意志品质包括以下方面:一是实现目标的坚定性,二是持久性和毅力,三是自制力。三个方面在教学过程中所起到的作用很大。对体育教学目标的实现,如果没有坚定的目标,不付出艰辛的劳动,没有坚强的毅力和较强的自制力,体育教学是难以达到预期效果的。

【实践案例】

一名体育教师的教学日志

今天在三年级跳长绳教学课上,全班练习完后还有多余的几分钟,我就安排男、女生各一组跳长绳。首先是让一部分会跳长绳的同学示范了一下,然后再简单讲解了跳长绳的动作要领,接着就让学生分组练习。不一会儿,纪律委员就跑过来告诉我有几个学生不愿意跳,在边上自己玩别的，还有一部分同学不排队插队跳，甚至还有讥笑别人不会跳的，总之队伍很凌乱。听了汇报后我很生气，觉得这些学生太没组织性和纪律性了，我想不如就借此机会整改一下班级的纪律。集合队伍后，我问那些同学不愿跳绳的理由，想批评他们借以整改班级纪律。后来我了解到，原来班级70%的学生都不会跳长绳，会跳的学生都争先想在全班学生面前表现一下自己的能力，还有部分想跳的又不会跳，跳不好还要被同学讥笑，于是同学间就出现了互相谩骂，有的学生就干脆不跳到边上玩自己的，导致队伍出现非常混乱的现象。

我意识到出现这种结果自己也有责任，我不想让这节课就这样结束，我就大声地对学生说："同学们，老师和你们一起玩跳绳好不好？"这重新激起了学生跳绳的热情，于是我就让几个跳得比较好的同学各领一个小组，教不会跳的同学练习跳绳。分好队后我又和会跳绳的同学一起以慢动作的形式演示了如何跳绳。最后我轮番到各个小组去指导每个学生跳绳，对于不会、不敢跳的学生适时地引导、鼓励他们。一节课下来班里的学生都学会了跳绳，我也觉得自己和学生的关系比之以前好像亲近了不少，发现每个学生都有自己的独特之处。

课后我想为什么这节课让我觉得如此快乐？我意识到体育教学中，应该用自己的耐心、热情、关爱和包容给学生创设一个宽松的学习环境，使学生发挥主观能动性，变学生被动学习为积极主动学习，使自己的教和学生的学融为一体，而不是每次都简单地示范一下动作要领，不顾及学生的接受能力和个体间存在的差异性。

第二步　认识影响体育教学法实践效果的学生心理因素

一、年龄差异

人的心理发展表现出若干个连续的阶段，处在不同年龄阶段的学习者会表现出不同的心理特征。小学生的认知水平还处在发展的初期，教师需要根据学生具体所处的年龄段把握其心理特征。对于中学生而言，随着生理的急速变化，也给其心理带来了较大的变化。在中学阶段，学生的心理特征同样是一个发展的过程。到了大学阶段，学生的生理、心理发展都步入了一个更为成熟的阶段，其学习活动逐步由他控转变为自控。

二、性别差异

在体育活动自觉主动性方面，男女生存在着显著的性别差异。在生理疲劳方面，女生的生理疲劳出现较早，表现出对体育活动更大的惰性。在对体育活动的选择上，女生倾向于选择艺术体操、健美操等动作协调优美的项目，而男生则对对抗性强的球类运动项目更感兴趣，比如足球、篮球等。

掌握体育教学法的心理学设计及应用

第一步 学习示范法与讲解法

示范法是教师指定学生以具体的动作为范例,使学生形成初步的动作表象,以指导学生进行学习的方法。

讲解法是体育教师运用逻辑分析、论证形象地描绘、陈述,启发诱导性地设疑、解疑,使学生在较短时间内清晰获得全面而系统的知识的方法。

根据示范法与讲解法的具体特点,结合学生学习心理,在体育教学中采用示范法与讲解法时应注意:

(1)强调动作特性,强化技术动作重难点。

(2)利用感知规律,突出观察对象。

(3)根据学生的心理发展水平,进行有针对性的示范与讲解。

(4)讲解与示范相结合。

【实践案例】

画蛇添足的演示法

一位体育教师在给初三女生教授弯道跑技术时,采用挂图演示的方法来讲解弯道跑的力学原理和动作要领。第一张图是解释摩托车弯道拐弯的图像(说明弯道运动的离心力和向心力),第二张图是人在弯道跑中的动作(解说要向内侧倾斜和内侧摆臂要小、外侧摆臂要大等),第三张图是弯道跑时脚步动作的放大图(要说明内侧的脚是脚外侧着地、外侧的脚是脚内侧着地)。教师用了10分钟左右进行上述演示,但是学生好像并不为之所动,表情木然。在以后的弯道跑练习中,由于学生本来跑得就慢,加上用不着"内侧脚的脚外侧着地和外侧脚的脚内侧着地",也根本不可能出现与"向内侧倾斜"和"内侧摆臂要小、外侧摆臂要大"等动作要领相反的错误动作,看后总觉得那10分钟的演示和讲解很浪费时间,而且还有画蛇添足之感。

由以上案例可知,该教师在进行弯道跑技术讲解时犯了以下错误:

(1)没有突出弯道跑技术动作的重难点,只是让学生观看了弯道跑的整体动作和脚步的放大动作。

(2)观察对象不突出,让学生观察摩托车弯道拐弯的图像而不是具体人物的图像演示,选择的观察对象不够直观。

（3）未顾及学生的心理发展水平，讲解内容超出学生的理解范围并且所讲解的内容在实践中用不到、脱离实际。

（4）没有把讲解与示范结合起来，只是采用挂图演示，教学方法单一，教学效果不佳。

改自：毛振明，陈海波．体育教学方法理论与研究案例 [M]．北京：人民体育出版社，2006.

第二步　学习分解法与完整法

分解法是把完整的动作合理地分成几个部分，按部分逐次练习，最后完全掌握的教学方法。

完整法是把某一教材从动作开始到结束，不分部分和段落，完整地进行练习的方法。

分解练习法和完整练习法各有利弊，在教学中运用时应注意：

（1）根据学生年龄进行选择。

（2）分解法要与完整法结合使用。

【实践案例】

错误运用完整教学法

一位体育教师给初一年级女生上排球课，教学内容是学习下手发球。教师在进行了下手发球的讲解后，就让学生分两队站在两个端线上进行发球练习，并在每次发球后都让发球过网的学生举手，但是举手的总是寥寥无几，这是因为初一的女生面对成人排球网、使用正规比赛用球、在正规比赛场地上发球存在心理障碍。结果，几次来回后学生的练习欲望似乎低落了下来。

改自：毛振明，陈海波．体育教学方法理论与研究案例 [M]．北京：人民体育出版社，2006.

第三步　学习比赛法与游戏法

比赛法是在比赛条件下组织学生进行练习的方法。

游戏法是以游戏的方式组织学生进行练习的方法。

比赛法和游戏法能提高学生的练习兴趣，但在游戏和比赛中学生的生理、心理唤醒水平比较高，运用时要考虑到学生对技术动作掌握的情况。

【知识拓展】

体育课堂中游戏的"魅力"

游戏法作为一种体育教学活动的形式，内容丰富，趣味性强，又可以全面地发展学生的身体素质，是体育教学中开展愉快教学的好帮手，将游戏贯穿于体育课的始终，渗透于课堂的各个环节之中，有利于开展愉快教学，活跃课堂气氛，可便于教师更好地完成课堂教学任务。在体育教学中选择与运用体育游戏时容易出现以下问题：

（1）选择的游戏过于盲目、随意。

（2）选择的游戏违反体育学科性质特点。

（3）选择的游戏技术难度太高、合作配合能力过强。

（4）选择的游戏不利于技术动作的规范。

（5）选择的游戏运动负荷过大。

改自：王斌.体育心理学[M].武汉：华中师范大学出版社，2011.

第四步　学习预防法与纠正法

预防和纠正错误动作法是体育教学方法之一，是教师为了防止和纠正学生在练习中出现动作错误所采用的方法。

预防和纠正都是对错误动作施行校正的有效手段。预防与纠正的正确心理学方法有：

（1）选择适当的教学时机。在动作教学时，教师要特别注意选择较好的时机。可根据学生的面部表情和言语表情判断最佳的学习时机和学生的心理变化。

（2）发展学生的感知觉能力。在体育教学时，教师可根据所学技术的特点以及学生易犯的错误，采用一些诱导性和辅助性练习。

（3）启发学生思维。在体育教学中，教师可采用提问、比较、学生报告和评价等方式、方法，激发学生的积极思维，促使他们对技术动作进行分析、综合，对动作本质进行抽象、概括。

（4）激发学生学习动力。对学习动力不足而产生的动作错误，教师要对学生加强学、练目的的教育，激发他们的学、练动机，提高练习的自觉积极性。教师要有意识地加强学生意志品质的培养，注意观察和及时调节学生的情绪。

[实践案例]

及时发现，及时纠正

在体育课中，学生处于积极活动的状况，情况多变，学生的思想、行为也随其变化。在指导过程的同时要善于观察学生的各种表现，抓住苗头，抓住倾向，因势利导，有针对性地及时进行鼓励、表扬或批评，以达到育人的目的。及时地教育引导，杜绝不良现象，有助于学生维护集体的荣誉和利益，以建立一个和谐、团结互助的班集体。教师王某每次都对学生强调，上课要有上课的纪律，不能做与上课无关的事情，然而在教授跳高时，依旧发现有几个小朋友的手上还提着橡皮筋，王某心里面很不高兴，想好好地训斥那几个同学，以树立自己的威信。可王某转念一想，这样做的话学生还能够很好地完成这节课的教学任务吗？于是王某说："同学们，你们这段时间是不是特别喜欢玩橡皮筋啊，看，我发现有的小朋友为了这个都已经不怎么听老师的话了！"这一句话，将所有小朋友的目光都集中了过来。"那好，老师这节课就上一节游戏课——趣味跳跃。"话音刚落，下面一阵欢呼。看来，他们已经对这节课产生了极大兴趣。这样一来，王某这节课的教学任务应该是可以圆满完成了。

小学生的自尊心特别强，当着众人的面对其指责与数落，只会让他们更加反感，由此产生叛逆的心理。现代的教学理念,更多的是贴近、鼓励和信任,这样师生关系才会融洽,才能更好地组织教学,并在相互理解和信任的环境下实现教育的目标。

改自:暨阳烧烤哥.理解每个学生,上好每节体育课 [EB/OL].新浪博客.

第五步　学习言语与非言语指导

一、言语指导

言语是指按一定规则组织的符号系统,是人类交往的重要工具。体育教学中,体育教师要运用各种形式的言语来组织、指导学生的学习和练习。不同形式的教师言语对优化课堂心理气氛有着不同的作用,现对不同言语指导调节课堂心理气氛进行总结归纳如下。

(一)鼓励的言语

肯定学生的进步,指出努力的方向及学习的榜样,端正学生体育学习的态度,调动练习积极性,主动热情、精神饱满地参加课堂练习,使课堂气氛活跃。

(二)提问、置疑的言语

促使学生开动脑筋,积极地寻找和发现解决问题的办法,发挥学生在体育教学中的主体作用,充实课堂的研究氛围。

(三)提示的言语

在练习时提示学生注意动作的关键环节,或提示学生注意避免某个动作错误,这样做可将学生的注意力吸引到课堂技术动作的学习上。

(四)反馈的言语

及时给予动作完成情况的反馈,让学生了解自己完成动作的情况,改正错误的动作环节。有效、积极、肯定的反馈,不仅有利于学生掌握技术动作,而且能起到鼓动、激励的作用,使课堂学习气氛浓厚。

(五)评价的言语

对学生的进步提出表扬与奖励,使学生学习、练习的积极性得到强化,学生在获得老师积极的评价后,学习动力增强;同时在获得不好的评价后,也能够寻找自身不足,努力改正,获得老师下次积极评价。

(六)幽默的言语

在学习较难的技术动作,或进行趣味性较差的练习时,教师可通过幽默的言语活跃课堂气氛,使沉闷的气氛得到缓解,进而促进学生更好地学习技术动作。

二、非言语指导

体育教学的非言语指导是指教师利用面部表情、身体动作、言语表情(语音语调)、人际距离、口哨等手段组织和指导学生学习和练习的方法。非言语指导包括:手势、眼神、面部表情、点头、姿势、身体接触、装饰、人际距离、哭、笑、叹息等辅助言语。下面是常用的功能需要对非言语指导的使用要求。

(一)维持学习气氛需要

教师用点头、微笑、信任的目光、鼓励的手势对处于困境、畏难、害怕的学生进行激励,学生感受到老师的鼓励,激起他克服困难的勇气,减轻心理负担,并再次融入学习中,课堂学习氛围得以持续保持。教师严肃的表情、不满的摇头、突然加重语气的说话、眼睛直盯问题学生、用手指指点他或摆手、积极批评和制止不良行为,能维持良好的课堂学习气氛。

(二)加强学习动力需要

学生成功完成动作,取得进步时,获得老师满意的点头、鼓掌的手势,能使学生感受到肯定与表扬,感受到自己的努力被认可,提高其学习积极性。

(三)活跃课堂需要

教师通过多种手段(如击掌引导学生按一定节奏和速率进行练习,用手势指导学生行进或动作的方向,用口哨声的大小、强弱来调整队伍、指挥做操)能够丰富课堂教学形式,吸引学生注意力,活跃课堂气氛,使课堂的教学形式丰富。

任务小结 —— 体育教学方法是师生为达到既定的体育教学和教育目的而进行的相互联系活动的办法。制约体育教学法的教师心理因素有:①教师的情感品质。②教师的智力品质。③教师的意志品质。制约体育教学法的学生心理因素有:①年龄差异。②性别差异。

体育教学法的心理学理论有格式塔心理学理论、期望理论。格式塔心理学理论认为思维是整体的、有意义的知觉,而不是联结起来的表象的简单集合;主张学习是在于构成一种完形,是改变一个完形为另一完形;提出学习的过程不是尝试错误的过程,而是顿悟的过程,即结合当前整个情境对问题的突然解决。期望效应是指教师的期望能激活学生的潜能,从而使学生获得教师所期望的进步。

思考题 —— 1.如何运用心理学的理论设计和优化体育教学方法?

2.运用体育教学法,探讨如何培养学生的体育学习策略?

【推荐阅读】

冯忠良,伍新春,姚梅林,等.教育心理学[M].北京:人民教育出版社,2010.

该书的主要任务是从教育的系统论观点出发,科学阐述学生学习的基本规律及其在教学领域的应用,从而使学生深入理解学习理论的发展演变、学生学习的主要规律、有效教学的促进原则等基本问题,树立起"以学论教"的教学观。在结构上,系统梳理了各种主要学习理论的发展演变历程,明确了学生学习的实质以及学习与个体发展的关系,全面阐发了学习动机、学习迁移、知识掌握、技能形成、社会规范接受等基本的学习规律以及教学设计原则与成效评估的方法。在内容上,尽可能广泛地反映国内外有关领域的研究成果。

任务十
了解重要他人与学生体育学习效能的关系

【学习目标】

1. 了解重要他人、体育学习效能的内涵。
2. 认识重要他人的分类及其意义。
3. 学习重要他人与学生体育学习效能的关系。

【关键词】

重要他人　学习效能　互动性重要他人　偶像性重要他人

【导入案例】

谁是你的重要他人

国家一级作家、内科主治医师、注册心理咨询师、北京师范大学文学硕士毕淑敏曾在她的散文集《谁是你的重要他人》中讲述了自己幼年时期的一个经历。她被选中参加学校组织的歌咏比赛并以此为傲,但是在一次练歌的时候,老师突然做了一个停止的手势,把她从队伍中拉出,一字一顿地说:"我在指挥台上总是听到一个人跑调,原来是你!一颗老鼠屎坏了一锅汤!现在我把你除名啦!"就这样,在众目睽睽之下她"灰溜溜"地离开了音乐教室。

三天后,老师又突然通知她回队练歌!她内心充满了幸福和憧憬,当即下定决心要把跑了的调儿扳回来,做一个合格的小合唱队员!

来到音乐教室,老师盯着她不耐烦地说,小小年纪怎么就长这么高的个子?她不由自主地弓了脖子塌了腰,以后的整个少年时代也总是略显驼背。老师怒气未消继续说道:"你个子高,原来站队伍中间,现在找这么高个子的女生合上大家的节奏,哪有那么容易?只有最后一个法子了……"老师站了起来,说:"你听好,你人可以回到队伍,但要记住,从现在开始,你只能张嘴,绝不可以发出任何声音!"说完,老师还伸出食指,笔直地挡在她的嘴唇间。

在那以后几十年的岁月中,老师竖起的手指如同一道符咒,锁住了她的咽喉,她不但没有唱过歌,到了凡是需要用嗓子的时候,都会在她的内心深处引发剧烈的恐慌。直到有一天,她在做一个游戏时,写下了一系列对自己有重要影响的人物之后,她的脑中不由自主地浮现出音乐老师的面孔。

改自:毕淑敏.谁是你的重要他人[M].北京:中国物资出版社,2009.

正如上述案例所述,人的生命中,总有些特定的人挥之不去,影响你的一生,你的某些性格和反应模式,由于这些人的影响,而被打上了深深的烙印,我们称这些人为你的"重要他人"。在体育学习或者体育比赛中,一定也会有你的"重要他人"。那么,什么是重要他人?重要他人有何分类?不同类型的重要他人有何特征?重要他人对学生体育学习效能产生怎样的影响?本章将围绕这些问题展开阐述。

单元一　学习重要他人的理论基础

第一步　学习重要他人的内涵

重要他人(Significant Others)是指个体社会化以及心理人格形成过程中具有重要影响的具体人物。重要他人可能是一个人的父母长辈、兄弟姐妹,也可能是老师、同学,甚至是偶像明星或萍水相逢的人。

第二步　了解重要他人的分类及特征

一、互动性重要他人

互动性重要他人(Interactive Significant Others)是指个体在日常交往中认同的重要他人。可能是家庭中的父母,可能是学校里的老师,也可能是同辈群体中的知心朋友。

互动性重要他人的特点:第一,学生互动性重要他人的出现往往受学生年龄阶段的影响。父母在早期占优势,然后是教师,后期同辈群体的影响增大;第二,学生互动性重要他人的出现还因学生的社会属性而异,即因学生的性别、家庭背景、学习成绩、班级职务以及社会地位的不同,可能导致选择不同的互动性重要他人;第三,学生的互动性重要他人往往会有层面的差异,即学生可能有几个不同的重要他人,分别对应学生在不同阶段的发展需要。

二、偶像性重要他人

偶像性重要他人(Idol Significant Others)是指在个体崇拜心理基础上产生的重要他人,这些人一般与个体之间有一定的距离,有一部分甚至是可望而不可即的。

偶像性重要他人的特点是:第一,他们一般是社会知名人士,可以是伟人、体育明星、影视偶像、各界的成功人士等;第二,他们是学生单方选择的结果,是学生喜爱、崇拜或尊敬而被视为偶像和榜样的人物;第三,他们对学生的影响主要是人生观、价值观等方面,其影响方式往往是突发的、短暂的,但又是刻骨铭心的。

三、互动性重要他人与偶像性重要他人的区别

（1）互动性重要他人是学生生活环境中的具体人物,往往是学生的互动对象,如父母、兄弟姐妹、老师和同学等;而偶像性重要他人则是社会知名人士,例如偶像明星、历史人物、各个领域的成功人士,并非学生的直接互动对象。

（2）互动性重要他人是在学生双向交往过程中形成的,在学习及日常生活中的相处交流中形成的;而偶像性重要他人则是学生单项选择的结果。

（3）互动性重要他人对学生社会化方面的影响较大,方式多是潜移默化;而偶像性重要他人则多是人生观和价值观方面的,其影响方式多是突发的、短暂的,但又是很深刻的。

【知识拓展】

榜样—偶像性重要他人

米德通过对儿童游戏阶段的考察研究分析得出关于"自我"的自反性的强调与阐释,并提出了"泛化他人"这一概念,即为使个体的自我获得统一的、有组织的共同体或社会群体。在此基础上学者对重要他人的类型进行了不同的分类。吴康宁教授（1998）在《教育社会学》中把重要他人划分为互动性重要他人和偶像性重要他人,而香港城市大学岳晓东（1999）提出一般人的偶像榜样结构。认为重要他人包括偶像和榜样,它颇似一个底大顶小的金字塔,从上到下依次是纯偶像、偶像性榜样、榜样性偶像和纯榜样,虽然他没有直接提及重要他人的概念,但是他所提到的这4个概念都属于偶像或榜样的范畴,而且从实际指代上来讲,偶像性榜样和榜样性偶像是两个分别与互动性重要他人和偶像性重要他人相对的概念。

引自:唐彬.重要他人研究述评[J].江苏教育学院学报,2010,9（26）:22-25.

第三步　掌握重要他人的意义与作用

重要他人可以在潜意识下对个体的个性、期望以及自我表达的行为产生特别的影响,影响个体的自我认知和意识。同时作为强大的认知结构,重要他人能够激活一般的社会知觉,告诉我们如何看待体育学习,影响一个人在体育学习或者体育比赛中对自我的定义。

【实践案例】

影响我们人生的"重要他人"

2003年,美国著名电视主持人奥普拉·温弗瑞登上了《福布斯》"富豪排行榜",成为黑人女性获得巨大成功的代表。温弗瑞的童年充满了不幸,父母没结婚就生下她,小时候住的房子连

水管都没有。然而更令人震惊的是,温弗瑞九岁时被表兄强奸,十四岁怀孕,孩子出生后就死了。温弗瑞也曾自暴自弃,开始吸毒,然后又开始暴饮暴食,吃成了一个大胖子,还曾试图自杀。那时没有人对她抱有希望,包括她自己。就在这时,他的父亲对她说:有些人让事情发生,有些人看着事情发生,有些人连发生了什么都不知道。

极度空虚的温弗瑞开始挣扎奋起,她想知道自己的生命中究竟有什么样的事情会发生,她要顽强地去做"让事情发生的人"。大学毕业以后,她从事电视台主持人的工作,1984年,她主持了《芝加哥早晨》,大获成功。然后她开始发动全国范围内的读书节目,并且成立了自己的公司,创办了畅销杂志,还参股网络公司,同时她还积极从事慈善捐助。温弗瑞亲手推动了太多事情的发生!

如果让温弗瑞写下她的"重要他人",温弗瑞的父亲一定是首选。他不但给予了温弗瑞生命,而且给予了她灵魂。那个侵犯侮辱温弗瑞的表哥,也要算作她的"重要他人",他直接导致了温弗瑞的巨大痛苦和放任自流,也导致了在很多年后,执掌了财富之后的温弗瑞把大量的款项用于慈善事业,特别是援助儿童和黑人少女。

改自:毕淑敏. 谁是你的重要他人 [M]. 北京:中国物资出版社,2009.

单元二 认识重要他人与学生体育学习效能的关系

第一步　理解学生体育学习效能的内涵

效能是指为达到系统目标的程度或者系统期望达到一组具体任务要求的程度。学校体育效能指的是学校体育系统在实现学校体育目标方面表现出的具体能力和目标的实现程度。那么对于学生体育学习效能,我们可以理解为在体育学习或体育运动中,学生在实现体育目标方面所表现出来的具体能力和目标的实现程度。

第二步　认识重要他人对学生体育学习效能的影响

一、互动性重要他人对学生体育学习效能的影响

作为学生个体来讲,在人生成长的不同阶段,重要他人也会发生变化。重要他人的变化主

要表现为互动性重要他人的变化。迟毓凯(2008)认为学生从小学到大学,主要重要他人的依次是父母、老师、朋友和恋人。很显然,学生的互动性重要他人受到年龄因素的影响,大体沿着"家长—教师—同伴"这一路径逐渐变化。

(一)父母对学生体育学习的影响

从人的终身学习角度看,家庭是孩子的第一所学校,父母是孩子的第一任老师。父母对孩子的诸多行为起着基础性的作用。父母参与体育的态度及其体育活动行为,都会对孩子产生影响。根据 Eccles 的期望—价值理论,儿童的自我知觉、态度、价值观、信仰和行为是成年人的态度、信仰、价值观和行为的一种表现,父母透过自身运动期望—价值信念,以行为影响儿童运动期望—价值信念,从而改变了儿童的行为。也就是说,在体育学习过程中父母对孩子参与体育运动产生了深远的影响。

【理论拓展】

期望—价值理论

Eccles 的期望—价值理论(Eccles,1993;Eccles et al,1983)是当今关于父母对儿童成就动机的社会化影响的主要理论。该理论认为,个体完成各种任务的动机是由他对这一任务成功可能性的期待以及对这一任务所赋予的价值决定的。个体自认为达到目标的可能性越大,从这一目标中获取的激励值就越大,个体完成这一任务的动机也就越强。父母完成这些事情,会参照自身的期望、价值观及其与性别相关的观念。反过来,孩子的信念体系建立在父母给他们提供的经验与他们从父母处获得的反馈上。在这一理论中,她提出儿童参与选择及表现主要受到两个信念所影响,即成功期望和主观任务价值。

根据 Eccles 等(1998)的研究,成功期望反映的是"我能进行这项任务吗?"这一问题。因此,成功期望相当于在一项成就活动中的功效期望或成功信心。

主观任务价值理论是价值期望模型中第二个重要的成就选择和行为决定因素。这一概念指出"我想去做这项工作吗?为什么?"这一问题(Eccles et al,1998;Wigfield & Eccles,1992)。任务价值提到一个人在某成就特定领域内成功的重要性。

改自:Thelma S. Horn. 运动心理学前沿 [M]. 彭凯平,刘钰,倪士光,等,译. 北京:北京体育大学出版社,2011.

(二)体育教师对学生体育学习的影响

在体育学习过程中,体育教师对学生体育锻炼行为产生影响。老师对学生内部目标的引导能提高学生的自主动机、成绩和坚持性。在自我决定理论中,德西和瑞安(1985)认为体育教师在课堂上给学生创造自主的条件,满足学生的基本要求可以提高学生进行体育学习的坚持程度。同时也有研究证明,学生感觉到老师支持体育课的自主动机,就有可能激发出学生高水平参与体育课的自主动机(Hagger & Chatzisarantis,2007)。

【理论拓展】

自我决定理论

自我决定理论（Self-Determination Theory, SDT）是由美国心理学家 Deci 和 Ryan 等人于20世纪70年代提出的，该理论的核心是对自我决定的追求构成了人类行为的内在动机。它所阐释的基本原则和过程机制对于理解人格、社会发展和人的整体心理机能也有所启示。SDT 作为一个元理论，还包括认知评价理论、机体整合理论、因果定向理论、基本心理需要理论 4 个小理论。

认知评价理论（Cognitive Evaluation Theory, CET），该理论描述了两种心理需要（能力需要与自主需要）以及社会环境对于内部原因驱动行为的不同影响（Deci,1971）。

机体整合理论（Organismic Integration Theory, OIT），该理论描述了外部动机不断内化的连续体（Deci & Ryan,2002），该理论认为受到外部动机调节的行为会随着高控制或更自由（自我决定）的过程而变化。Deci 和 Ryan（2002）认为了解控制或自我决定的动机有助于对行为进行调节。该理论还认为更多出于控制的外部动机的行为与更低的心理健康水平及更高的自我价值有关，而更多出于自我决定动机的持续行为与更高的心理健康水平有关。

因果定向理论（Causality Orientation Theory, COT）描述个体在生命领域内有关人类是倾向于自我决定还是控制定向的性格差异，并把因果定向分为自主定向、控制定向和非个人定向。自主定向以个体兴趣、自我认可的价值为基础，在活动中更可能产生内在动机与整合的外在动机。而控制定向的个体倾向于受报酬、期限、结构、自我卷入和他人指令的控制，常常表现出外在的和内摄的调节。非个人定向的个体认为无法控制自己行为的结果和意图，其行为与无动机有关，但和有意识行动缺乏相应的联系。

基本心理需要理论（Basic Psychological Need Theory, BPNT）主要关注能力需要、自主需要及关系需要和动机及身体健康之间的关系。BPNT 的中心概念是对能力、自主和归属感的需求是普遍存在的。这一观念并不意味着需求被满足或被阻碍的机制在所有个体、地方、时间上都是相同的，这个普遍性概念反映了一种信念，即每一个人无论年龄、性别、民族或种族划分为了达到最佳功能，都需要获得能力感、自主感和归属感。换句话说，这些需求得到满足的程度在一定程度上决定了个体的幸福感（Ran & Deci,2002）。

改自：Thelma S. Horn. 运动心理学前沿 [M]. 彭凯平，刘钰，倪士光，等，译. 北京：北京体育大学出版社，2011.

(三)同伴对学生体育学习的影响

同伴关系是个体在儿童青少年时期运动经历的主要组成部分。在与同伴的互动中个体的自尊、运动成就认知将会影响青少年对于体育运动的情绪体验、参与动机，进而影响行为投入。沙利文特别强调了青少年时期同伴关系对青少年发展的重要性，并且将其分为两个维度——同伴接纳和友谊。随着研究的深入，许多研究者对同伴关系中侵害和领导作用（角色）形成机制进行了研究。

1.同伴接纳

同伴接纳是指个体在同龄群体中的地位或被接纳的程度(也称人缘)以及群体成员相互喜欢和接纳的程度(Ladd, Kochenderfer & Coleman, 1997)。而在体育学习过程中,体育能力是个体在同伴群体中被接纳或拒绝的一个重要影响因素。男生在体育上的成功对于同伴接纳是最重要的;而对于女生,体育能力和同伴接纳的关系则较弱(Adler et al, 1992;Buchanan et al, 1976;Chase & Dummer, 1992)。

2.友谊

友谊由两人之间发展出来的成熟情感纽带所组成(Bukowski & Hoza,1989)。在个体从自我中心视角转移到他人导向视角的过程中,友谊被认为具有决定性作用。在运动情景中学生更愿意跟关系好的同伴一起运动,展现最真实的自己,加深彼此的信任、了解与互动。交友和加深友谊是学生参与体育锻炼的一个很重要因素,运动友谊对青少年心理健康和社会发展产生积极的作用。在体育学习过程中,运动友谊可能影响到学生的体育参与程度及体育运动坚持度,另一方面,交友和巩固友谊构成学生参与体育运动的最基本动机。具有积极运动友谊质量的学生在体育运动中也会有更高的参与程度和更强烈的参与动机。此外,在一些开放性的体育运动项目中(如足球、篮球、曲棍球等),友谊的质量将影响个体的运动技能。

3.侵害

侵害是同伴关系中更激烈的行为,其中消极行为的接收者不仅没能得到接纳(也就是被拒绝),还可能遭受其他各种消极行为,包括一般的侵害(如被捉弄)、身体的侵害(如被推打)以及直接的言语侵害(如成为流言蜚语的攻击目标)。有研究结果显示,消极的同伴互动在评价性活动情景中最常出现。这些消极同伴互动行为的特征包括对女生体育能力重复而稳定的批评以及在课上将女生放在一种低于男生的位置上(Kunesh, Hasbrook & Lewthwaite)。

4.领导作用(角色)

如果在体育学习过程中有这样一个同伴,他能够指导和激励队伍中的其他学生,让他们获得成功并达到更高水平的动机,这对于提高学生体育学习效能,促进学生自己在运动中的成功是很有效的。这种有效性会被一系列心理和个人特征所影响,而且会被相关学生的性别所影响。格伦和霍恩(1993)的一项研究结果表明评价自己在知觉能力、女性化和男性化上分数较高的学生,自评的领导能力也较高。同伴评分显示被同伴评价领导能力较高的运动员,也表现出较高水平的竞技状态焦虑、男性化程度、技能水平和知觉能力。

二、偶像性重要他人对学生体育学习效能的影响

随着社会价值取向的变化,学生的偶像性重要他人的构成也变得多样化;偶像性重要他人逐渐脱离学校教育所倡导的"榜样人物圈",走向"偶像人物圈";无偶像的学生越来越少,这些变化在大学生身上表现尤为突出。有的学者提出,随着学生年龄的增长,社会价值取向的变化,传统的互动性重要他人,如父母、老师等在学生主体建构的重要他人的结构中有弱化的趋势,偶像性重要他人对他们的影响越来越明显。

在体育学习中,明星效应也发挥着一定作用。如许多大学生崇拜那种骨骼发达、肌肉爆发

力强、体形匀称、极具活力的篮球明星,认为自身身体素质可以通过锻炼来改善。篮球明星在对抗中可以对篮球做到极佳的控制力与掌握力,不同的篮球明星具备不同的绝技,其特长技术多是大学生模仿学习的目标,希望可以通过掌握一定的篮球技能在球场上更具表现性,从而获得认可与满足。大学生对篮球明星给出的认可,在于其想要通过自身的努力来掌握一定的篮球技能并实现超越的一种内在渴望。通过对球星的崇拜,学生也希望通过自身表现,获得同辈人的认可与尊重,促使自身投入体育锻炼之中。

任务小结 —— 重要他人是指个体社会化以及心理人格形成的过程中具有重要影响的具体人物。在教育学和社会教育学中把重要他人分为互动性重要他人和偶像性重要他人。其中互动性重要他人是指个体在日常交往中认同的重要他人。可能是家庭中的父母,可能是学校里的老师,也可能是同辈群体中的知心朋友。偶像性重要他人是指在个体崇拜心理基础上产生的重要他人,这些人一般与个体之间有一定的距离,有一部分甚至是可望而不可即的。

学生体育学习效能是指在体育学习或体育运动中,学生实现体育目标方面所表现出来的具体能力和实现程度。其中,目标可以理解为学生的体育目标,即学生希望通过体育课程的开展实现怎样的学习目标;能力可以理解为满足学生发展需求的能力;程度可以理解为目标实际完成量与预期完成量之间的相互关系。

思考题 —— 请结合自己在体育学习中的表现,找到谁是你的重要他人,并分析重要他人对你体育学习效能的影响。

【推荐阅读】

[1] Thelma S. Horn. 运动心理学前沿 [M]. 彭凯平,刘钰,倪士光,等,译 . 北京:北京体育大学出版社,2011.

《运动心理学前沿》,本书分为四部分,内容包括:运动心理学介绍、个体差异与运动行为、社会环境因素与运动行为、运动行为与心理技能和干预技术。该书展现了运动心理学的历史演变及运动心理学家的职责;阐释了自我知觉系统、运动自信、归因与控制、运动定向、成就动机、道德发展与运动行为的关系;以及运动目标、运动损伤、心理流畅等专题的介绍等内容。

[2] 毕淑敏 . 谁是你的重要他人 [M]. 北京:中国物资出版社,2009.

毕淑敏,国家一级作家,注册心理咨询师。北京师范大学文学硕士,心理学博士方向课程结业。1986 年开始专业写作,共发表作品 400 多万字。本书以作者儿时的一段经历为引子,讲述了"重要他人"对孩子成长的重要性,以朴实诚恳的文字讲述着一个个的故事,不断启迪着人们走出自己的心理困境。

任务十一
掌握常见的心理技能训练方法

【学习目标】

1. 了解心理技能、心理技能训练的概念。

2. 理解心理技能训练方法的分类与作用。

3. 学会制订心理技能训练方案。

4. 掌握放松、表象和认知等常见的心理技能训练方法。

【关键词】

心理技能　心理技能训练　心理技能训练方案　放松训练　表象训练　认知训练

【导入案例】

埃蒙斯奥运会中的"离奇"三枪

作为一名天才级别的世界顶级射击选手,在埃蒙斯16岁时就一举夺得美洲射击锦标赛两个步枪项目的少年组冠军,在此之后的六年间,埃蒙斯在各项国际赛事中陆续斩获了七金、两银、三铜。然而,即使是这样一名实力超群、经验丰富的射击运动员,却因为连续三届奥运会射击决赛的最后一发中打出了"离奇"的三枪,丢掉了唾手可得的两金一银三枚奖牌。

2004年雅典奥运会,23岁的埃蒙斯第一次参加奥运会,在参加第一个项目50米步枪卧射时,因其他原因无法使用自己平时使用的步枪,无奈的他从女队借了一把枪,竟摘下了此项目的冠军。然而在第二个项目50米步枪三姿决赛中,前九枪领先3环多的埃蒙斯,却鬼使神差地将子弹打到了其他选手的靶子上,将近在咫尺的金牌拱手让人。

四年后的北京奥运会,埃蒙斯再次来战,在男子50米步枪三姿的决赛中,在第九枪结束时,埃蒙斯将优势提升至将近4环,然而却在最后一枪再一次折戟,只打出了4.4环,悲剧再次重演。

又是四年后,2012年伦敦奥运会,男子50米步枪三姿决赛,埃蒙斯再次心理崩溃,最后一枪只打出了7.6环,将银牌拱手相让,只摘得铜牌。在赛后采访中,埃蒙斯说道:"三姿比赛,无论思想上怎么做准备,我就是没办法冷静下来,没办法控制最后一枪。成绩出来,我低头一看7.6环,低头再看了一遍:嘿,铜牌还行。"

从雅典到北京再到伦敦,就像是一场无法避免的悲剧,埃蒙斯每次都倒在了最后一枪,将囊中之物拱手相让,每次向埃蒙斯提起这三次失误时,他只能自嘲地说:"嗯,这确实是有趣的故事。"听起来轻松,其实埃蒙斯曾为"最后一枪"而去咨询心理医生,从运动心理学的角度来说,埃蒙斯患了"失败综合征"——一种运动员创伤后的应激障碍。美国心理学家比尔·科尔给了他三条建议:由你自己定义失败;汲取那些失败中的宝贵部分,然后再也不去揭开这道伤疤;找出幽默的方式,调侃那些曾经刻骨铭心的伤痛。

对于埃蒙斯的情况,北京体育大学心理学教授张力为在接受采访时分析:埃蒙斯可能在比赛中太关注最后一枪的成绩了,"他可能把成绩和环数概念想得太清楚了,而没有考虑这最后一枪的动作和过程,运动员在比赛中过于紧张会导致注意范围过小,思维灵活性也会受到影响,从而出现短暂的大脑空白。"

对于经历长时间艰苦训练的运动员来说,在重大赛事中的每一次挑战既是证明自身实力的舞台,同时也是改变自身命运的机遇。除此之外,运动员还需要承受来自社会舆论、媒体聚焦、亲友期望等方面的压力。因此,运动员需要强大的心理调节能力,才能突破重重阻碍,达到最佳竞技状态和创造优异成绩。

埃蒙斯的末枪悲剧,是埃蒙斯在赛中出现心理波动而导致的后果,同时也反映出埃蒙斯心理素质有待进一步加强。那么,怎样增强心理素质?有哪些心理技能训练方法?怎样制订心理技能训练方案?如何应用几种常见的心理技能训练方法?本章将围绕这些问题展开阐述。

单元一 学习心理技能训练的理论基础

第一步 理解心理技能训练的相关含义

一、心理技能的内涵

心理技能(Psychological Skill)是通过练习形成的能影响个体心理过程和心理状态的心理操作系统,是一种与人类的生活、学习、工作、劳动、身心健康以及调节与提高人体身心潜能相关的,在人脑内部进行与形成的内隐技能,强调个体对自身的能动作用。

运动员心理技能通常包括一般心理技能、专门(专项)化心理技能和制胜心理技能,即:①一般心理技能:适用于所有运动项目的心理机能,如应激控制、唤醒水平控制、目标设置等。②专门化(专项)心理技能:适合于某一具体项目的心理机能,如水感、球感等。③制胜心理技能:完成某一运动动作所必需的心理机能,如"人 - 马一体感"。

二、心理技能训练的内涵

心理技能训练(Psychological Skill Training, PST)是指有目的、有计划地对运动员的心理过程和个性心理特征施加影响的过程,也是采用特殊的方法和手段使运动员学会调节和控制自己的心理状态进而调节和控制自己的运动行为的过程。

【理论拓展】

"Choking"现象

Choking 一词来源于医学英文名称,用以描述生理上的突然窒息现象。后来被心理学引用为描述成绩下降或操作反常的现象,但是关于它的研究却一直没有受到研究者的关注。直到1981 年,运动心理学家丹尼尔(Daniel)在《学校教练》上发表了一篇名为《Choke:你能做什么》的文章,用 Choking 来描述比赛失常的现象,才逐渐引起心理学家的关注。

运动心理学界将运动员在重大比赛中技术发挥失常的现象称为 Choking 现象,并将其定义为:在压力条件下,一种习惯的运动执行过程发生衰变的现象。例如,导入案例中埃蒙斯在奥运会射击决赛的最后一枪中三次出现重大失误,是 Choking 现象的一个典型代表。

目前,关于"Choking"现象的理论解释主要有干扰理论模式(Distraction Model)、自动执行理论模式(Automatic Execution Model)和过程综合理论模式(Choking Process Model)。干扰理论模式认为,Choking 现象的发生是因为注意受到干扰,运动员不能将注意力集中到比赛任务上引起的。自动执行理论模式认为,当运动员意识到比赛的重要性时,试图作出更大的努力来确保运动执行过程的正确性,这种有意识控制运动过程阻碍了技能原有的自动化执行过程。过程综合理论认为,有意识地控制运动过程和增进压力以引起运动员更多的自我关注,这些增进的努力会破坏已有技术的自动执行,导致习惯的运动过程发生衰变。

改自:刘运洲, 张忠秋. 竞赛中的 Choking 现象分析 [J]. 上海体育学院学报, 2009, 33(5):77-82.

第二步 学习心理技能训练方法的分类

一、按心理技能训练的内容与专项关系划分

根据心理技能训练内容与训练专项的紧密程度,可分为一般心理技能训练、(专门化)专项心理技能训练和制胜心理技能方法。一般性心理技能训练法主要是培养和发展运动员普遍需要的一般心理技能,即适用于参加运动训练和竞技比赛的心理特征,以及健康、稳定的心理过程,如放松训练、表象训练和注意训练等;专项心理技能训练,则是集中发展从事艰苦的专项训练和成功地参加专项竞赛,特别是高水平竞赛所需的专门化心理技能。例如,赛艇运动员的艇平衡感、赛马运动员的"人 - 马一体感"等。制胜心理技能训练主要是以获取比赛胜利为出发点,

通过战术等方面的综合运用让自己超常发挥,给对手造成压力或产生错觉。

二、按实施心理技能训练的复杂程度划分

根据心理技能训练实施的复杂程度,可将其分为单一的心理技能训练方法和成套的心理技能训练方法。单一的心理技能训练方法是指在训练过程中,主要采用一种心理训练手段,如渐进放松训练法和生物反馈法。成套的心理技能训练方法通常在训练过程中采用了多种心理训练手段,如系统脱敏训练法就需要结合放松、想象和现实演练等训练手段进行。

三、按心理技能训练的周期时限划分

根据心理技能训练周期的长短,可分为长期心理技能训练和短期心理技能训练。长期心理技能训练法也称训练期心理技能训练法,即运动员在整个训练和比赛周期的每次训练中都要进行的心理技能训练,如射击运动员的情绪调节能力需要通过长期的训练才能得到保持或提高。短期心理技能训练也称赛期心理技能训练,即针对既定的比赛任务进行的心理技能训练,如运动员通常会在赛前通过"踩场"训练来提高场地适应能力。

第三步 认识心理技能训练的价值

一、有助于掌握与改进动作技能

在动作技能学习中引入心理技能训练最直接的目的就是促进动作技能的掌握和改进。例如,在动作技能学习中利用运动表象训练能够让学习者在头脑中反复重现正确的动作过程,从而达到强化正确的动作程序和细节的作用,有助于动作技能肌肉运动感觉的建立、恢复和巩固。

二、有益于塑造与养成健康的心理品质

心理技能训练有助于学生的情绪控制、抗压、抗挫折能力的提升,增强学生的自信心、毅力等优良心理品质。例如,在体育教学中引入心理技能训练,如躯体应激控制技术和认知调整技术训练等,能帮助学生识别运动中的消极思维,建立积极的自我暗示,减轻认知与躯体应激的生理反应,消除不良情绪,增加积极的情绪,提高学生对情绪的调节能力。

三、有利于规避与适应运动应激情境

心理干预策略作为一种消除焦虑和应激反应的心理调控方法,有助于帮助运动员提高临场应对能力,创造优异的运动成绩。例如,运动情境中的各种应激反应对运动员的成绩影响较大,而引起应激的刺激因素不仅有易地所引起的空间上和时间上的变化,如旅途、气候、时差等,还有易地变化所带来的新的环境因素,如饮食、住宿、语言、训练条件、赛场环境等,及时运用心理技能训练方法进行干预,能有效地规避与适应运动应激情境。

【实践案例】

在汹涌的客场风潮中

跆拳道作为中国代表团雅典夺金的重点项目,陈中、罗微在雅典奥运会前面临着空前的压力。运动员在奥运会赛前往往都要承受外界舆论与媒体关注所带来的巨大压力,比赛中将要受到对手、裁判、场地、一天内连续参加多局比赛的影响等。针对这些问题,中国跆拳道队的领导和教练组,专门研究如何转移运动员赛前压力、到达奥运村后运动员竞技状态的控制以及比赛中突发事件的应对措施等。

在赛前心理上重点解决运动员以下方面的问题:(1)对对手特点分析不透,分析不准;(2)制订对策不明确,不具体;(3)过多地考虑比赛结果;(4)想赢怕输;(5)取胜信心不足,动机不强;(6)进村前两天出现过度兴奋状态;(7)比赛时兴奋不起来。

针对比赛过程中的心理调控做了如下准备:(1)注意控制和引导自己的情绪;(2)集中注意力;(3)坚定信心。同时制订了增强比赛自信心的8种方法:(1)将注意力指向可控制的因素;(2)积极性的思维;(3)充分利用自我实现预言的效应。

同时,为了减少意外事件对运动员的影响,教练组制订了意外事件的七种心理应对策略:(1)保持平常心态;(2)头脑清醒;(3)注意力集中,排除杂念;(4)主动调节情绪;(5)利用词语线索动作要领回忆比赛方案,找回动作感觉;(6)利用意外事件"打击"对手;(7)为运动员编口诀,设定参赛程序。

针对多局赛制的残酷性,教练组制订了多局赛制中保持最佳心理状态的具体方法:(1)制订切实可行的比赛目标和比赛方案;(2)合理定位自己参赛的角色;(3)采取积极的思维方式;(4)重视对局间特别是决胜局局间心理状态的调整;(5)建立正确的情绪控制点;(6)根据比赛的发展情况,适时采用积极的自我暗示。

另外,为了在心理上占据主动,赢得优势,教练员还为运动员制订了如何运用心理战术主动影响对手的暗示词语:(1)先胜后战;(2)以我为主;(3)避实就虚;(4)出奇制胜;(5)以假乱真。

通过以上措施和手段,陈中、罗微在心理上的准备更加充分,心理能力逐步提高,自信心也得到了增强,以良好的心理状态参加了奥运会,并充分发挥了自己的水平,双双夺冠。

改自:张力为,马群.中国运动员奥运夺冠经典案例心理分析[M].北京:北京体育大学出版社,2008.

四、有利于避免与减少运动伤害

心理技能训练可以加快消除疲劳及恢复体力和脑力,有效帮助减轻身心疲劳。例如,在体育课的结束部分或学校运动队身体、技术训练之后,加入适当的心理放松技能训练能逐渐降低精神和身体的兴奋水平,松弛肌肉紧张状态,促进血液循环和新陈代谢,减轻疲劳,恢复体力。但是需要强调的是,疲劳的消除也要借助一些物理的手段和方法。

一、运动心理技能量表

运动心理技能量表（PSIS）是由 Mahoney, Gabriel 和 Perkins（1987）设计，用于评定与运动员高水平竞技表现相关的 6 种心理技能，即焦虑控制、集中注意力、自信心、心理准备、动机和团队意识，共计 45 个条目。PSIS 多用于区分技巧性运动员的心理技能水平。

二、运动应对技能量表

运动应对技能量表（ACIS-28）是由 Smith, Schutz, Smoll 和 Ptacek（1995）设计，测量内容包括应对逆境和极大压力下的高峰体验、目标设置、心理准备、注意力、摆脱焦虑、自信心、成就动机、可训练性等心理技能，共计 28 个条目。ACSI-28 也可对职业棒球运动员的击球和投球行为做出恰当的预测（Smith & Christensen，1995）。

三、行为策略测验

行为策略测验（TOPS）是由 Thomas, Murphy 和 Hardy（1999）研制的，主要是针对运动员运用策略的方法和技能进行测量。在比赛环境下，TOPS 测量的因素包括：自我暗示、情绪控制、自动性、目标设置、表象、激活、消极思维和放松。除了用注意力控制代替消极思维之外，在训练环境中 TOPS 测量的因素与在比赛环境中的一样。TOPS 共计 64 个条目，其中，有 32 条与比赛情境有关，32 条与训练情境有关。

单元二　掌握如何制订心理技能训练方案

第一步　掌握心理技能训练对象的起始状态

一、心理问题发现与诊断

运动员竞赛心理状态的科学诊断是心理技能训练的基础，它有助于运动员形成良好竞赛状态，对他们在比赛中更好地发挥技、战术水平，创造优异成绩起着重要的作用。心理问题的发现与诊断可遵从三个途径，第一个途径是运动员自我报告，第二个途径是教练员为之提供，第三个途径是运动队心理服务工作者发现。

二、心理技能测评与评估

运动员心理技能评估包含问卷、交谈、统计、自我检验及运动项目分析等,以便了解运动员个体的缺点所在、心理技能起点水平、生涯规划以及运动项目所需的特殊生理条件、技术、心理特征信息或相关资料等。运动员心理技能起点水平尽可能采用数量化的指标(如可用肌电反馈仪测定放松和表象能力),自我报告的量表形式(如可用马斯腾表象量表测定表象能力)。明确运动员心理技能起点状态,一是明确运动员心理问题的类别与程度;二是方便将来检测心理技能训练效果。

第二步 确定心理技能训练目标

一、确定心理技能训练总体目标

在运动员个人评估后,分析运动员个体的优势和弱势,并提供一个概念框架,与教练员、运动心理学家进行讨论,以确定一个具体、明确的发展目标与策略,即需要发展的是一般性心理技能还是特殊性的心理技能。例如,学生在背越式跳高和支撑跳马等心理承受量较大的项目练习中,面对练习场地和器械,学生往往会感到情绪紧张、胆怯,而这种心理状态,会随着器械的增高、动作难度的加大而更加强烈。故在该类体育课上可设置以调节情绪、增强自信为目标的心理技能训练,通过训练让学生以良好的心理状态,面对器械进行动作练习,最终完成学习任务。

二、制订心理技能训练阶段性目标

心理技能训练目标要求尽可能地达到可衡量的标准,训练目标可将要达到的具体参数设为指标。例如,放松训练的指标有:①放松深度绝对值降低,如果某一运动员的起点水平是肌电 2.5 μV,经过放松训练,要求该运动员能最后放松到肌电值为 1.5 μV;②放松时间缩短,如起点水平是 25 ~ 30 分钟做到完全放松,目标可定为在系统训练后能在 5 分钟以内做到完全放松;③个体自我察觉能力,系统放松训练后,自我评价的放松水平与实际的放松水平间的差距比训练前减少。

第三步 选择心理技能训练方法与内容

一、选取心理技能训练方法

在心理技能训练中,应训练什么,采取什么办法,都必须考虑个体现有的心理特点和训练环境所具备的条件。有的需要采取自我控制训练,有的则要求采取自我动员和激发性训练,也有的需要两者结合。心理训练方法的选择,不仅要以个体心理特点为依据,而且还要考虑运动项目的差异性。例如,技能主导类项群需要有良好的注意集中能力、良好的自控调节能力、清晰的表象再现能力等,体能主导类项群要有注意力高度集中的能力、超越自我的信心、顽强的意志品质、自控能力和心理耐受程度等。此外,训练场所的好坏、仪器设备的质量与数量、运动心理学家的素质等,都是组织实施心理技能训练活动的重要基础条件。例如在放松训练中,如果没有安静舒适的场所,运动员就不能顺利地进行放松;没有生物反馈仪,就很难开展生物反馈训练。因此,在选择心理技能训练方法时,必须充分考虑这些因素。

二、制订心理训练的具体内容

对于运动员来说,要想保持和提高运动成绩,就需要制订个性化的心理技能训练。在制订心理技能训练计划时,应当充分考虑影响运动成绩的各个心理因素,并且遵循一定的工作程序。训练步骤越具体越好,应包含训练任务、时间安排、练习的内容与要求、如何与技术训练结合、心理咨询与指导等。例如,一些运动项目(跳高、体操、游泳、标枪等)可以结合比赛入场的时间段分别安排不同的心理技能训练内容,裁判点名前阶段可以安排进行念动训练,想象自己将要做的动作;裁判点名后阶段主要是通过呼吸练习、自我暗示以保持镇静的战斗情绪;准备比赛阶段主要集中于开始动作。

第四步 制订心理技能训练日程与评价标准

一、明确心理技能训练方案的日程安排

在制订心理技能训练方案的日程安排时,应提前与运动员、教练员进行沟通,一方面心理技能训练需要得到他们的配合,另一方面也需要运动员与教练员对训练计划与目标做出心理准备与承诺。此外,在制订日程安排中需要明确各个训练阶段中的训练任务和目标、心理训练负荷、确定恢复的措施,确定检查和评定的内容、指标、时间、方法和手段等。

二、构建心理技能训练评价标准

心理技能训练的评价往往以运动员的比赛成绩好坏来评价心理技能训练效果。然而运动员比赛成绩是综合因素共同作用的结果,而不是单一因素所能决定的。因此,用运动成绩评定心理技能训练效果的客观性常常受到质疑,采用训练中运动员的一些生理、生化或心理指标的显著变化来说明心理技能训练效果。例如,在生物反馈训练和表象训练中,可通过测定运动员额肌的肌电变化这一指标来评价运动员放松能力和表象能力。

第五步 实施与总结心理技能训练方案

一、实施心理技能训练方案

(1)在每个步骤开始时,以心理教育方式将计划的要求和目的告诉运动员。

（2）出现接近满意行为时应注意给予积极强化，出现完不成任务（除特殊原因或生理病变）则给予惩罚或不予强化。

（3）对每一个训练步骤继续分解，形成具体的训练要求，体现在周训练计划中。例如，射击项目中融合于技术训练中的心理技能训练可分解为：利用空枪预习呈现规范动作的清晰表象；利用密度射击体会动作感觉；通过预感预报去分辨好坏动作感觉以提高对动作的感受性。

（4）难点的指导。对有困难和技术难点的运动员，要个别指导、多加鼓励，寻找其点滴进步并做出积极反馈，缩短"低谷期"。

（5）同步开展心理咨询，将心理技能训练过程中出现的心理困惑通过咨询进行认知指导和矫正。

二、心理技能训练方案的反馈与总结

运用科学的手段不断把心理技能训练对受试者身心的影响和作用进行客观评价，并及时反馈给受试者。当他们看到心理技能训练的效果和自己的进步时就会更加坚信心理技能训练的科学性和实用性，从而更自觉地坚持实施系统的心理技能训练。只有不断地反馈、评价和总结心理技能训练，才能积累经验，促进运动员心理技能的提高。

【实践案例】

武术套路运动员心理技能训练方案

运动员 A，男，17 岁，训练年限 7 年，健将级运动员，是某省队一名套路运动员。最好成绩为 2013 年全国武术套路（传统项目）冠军赛第 1 名。通过运动员自我报告和教练的反馈，该运动员在训练及比赛过程中容易出现焦虑、手心出汗等情况。

采用心理量表对该运动员的心理技能初始水平进行测评，结果显示其心境状态得分 112 分，训练比赛满意度 24 分，心理疲劳得分 44.75，运动焦虑得分 212.5 分。说明该运动员在训练与比赛中存在心理疲劳，且运动焦虑水平较高。

通过对该武术套路运动员的初步了解和测评显示，该运动员在训练与比赛中出现了明显的心理问题。且通过心理技能评估确定了运动员出现了心理疲劳和运动焦虑，为后续心理技能训练指明了方向。

采用放松训练、表象训练、目标设置、注意力训练、积极的自我谈话等方法对武术套路运动员进行心理技能训练。心理训练持续时间为 3 周，每周 1 节课，共计 10 课时，每项内容包括 2 次课程，每次课程后都再次进行 4 份量表进行评估，共 10 次。课程结束后，通过 4 份量表对运动员进行 3 周的跟踪评估，每周 1 次，共 3 次。

通过持续 3 周的心理训练，该运动员心境状态得分 105.4 分，训练比赛满意度 25.7 分，心理疲劳得分 43.3，运动焦虑得分 177 分。这说明该运动员心境状态、训练比赛满意度和运动焦虑都得到了有效改善，基本达到了心理训练的目标。

改自：张青.青少年套路运动员心理技能训练对情绪状态的影响研究——一项个案研究 [J]. 贵州体育科技，2015（8）：722-724.

掌握常见的心理技能训练方法

第一步 学会如何进行放松训练

一、放松训练的概念

放松训练（Relaxation Training），是以暗示语集中注意，调节呼吸，使肌肉得到充分放松，从而调节中枢神经系统兴奋性的过程。目前普遍采用的是美国芝加哥生理学家雅克布森（Jacbson,1938）首创的渐进性放松方法、德国精神病学家舒尔兹（Schultz,1959）提出的自生放松方法和中国传统的以深呼吸和意守丹田为特点的松静气功等三种放松方法。各种放松练习方法的共同点是：注意高度集中于自我暗示语或他人暗示语，深沉的腹式呼吸，全身肌肉的完全放松。

二、进行放松训练的必要性

首先，放松训练有利于体育学习者克服心理紧张、胆怯等消极情绪。对于心理承受量大的项目（如高低杠、平衡木、单杠、跳马等），在教学中必须对学生进行心理调适，才能顺利完成教学任务。

其次，放松训练可以避免过度运动带来的身心伤害。在大量训练后运动员往往会产生心理和生理能量大量消耗现象，通过放松练习后，大脑呈现一种特殊的松静状态，此时，人受暗示性极强，对言语及其相应形象特别敏感，容易产生符合言语暗示内容的行为意向。另外，心理放松时，肌肉也自然放松，有利于克服心理紧张状态，从而降低能量消耗，提高技术的发挥和加速疲劳的恢复过程，达到身心放松的目的。

最后，放松训练有助于降低中枢神经系统的兴奋性，保障最佳竞技状态的发挥。随着竞技赛场竞争激烈性日趋增加，优秀运动员之间的差距也越来越小，心理因素在竞技赛场上的影响也越加重要。其中，赛前紧张情绪成为影响运动员发挥的关键心理因素，紧张情绪不仅来源于赛场中的观众的加油呐喊声、竞争对手的挑衅言语、教练的迫切期待，还有来自家人殷切的期许、社会媒体铺天盖地的舆论压力等。因此，运动员在赛中保持平静、放松的心情对比赛结果尤为重要。

【**实践案例**】

为何游泳运动员偏爱戴耳机?

在巴西奥运会游泳比赛中,你会发现"飞鱼"菲尔普斯、孙杨和朴泰桓等很多游泳运动员在出场时都会佩戴硕大的降噪耳机。由此我们产生了疑问:冠军为什么都喜欢在赛前戴上耳机?戴耳机是为了装酷吗?

英国布鲁内尔大学运动心理学副教授科斯塔斯·卡拉吉奥吉斯曾对游泳运动员赛前戴耳机进行过长期的研究,他认为他们是为了听音乐:"从20世纪70年代晚期,随身听面世之后不久,在训练及备赛期间,用耳机和耳塞听音乐就流行开来,我们发现无论是在比赛前还是比赛中,音乐都能真正地起到作用,这是一种给运动员的合法兴奋剂!"

卡拉吉奥吉斯表示通过研究,他发现音乐的心理学属性的不同,所起的效果也不同,有些音乐可以令人兴奋,而有些则可以令人镇定,甚至还能影响运动员做动作是否轻巧、对体能消耗的感知,甚至对于氧气的利用率:"音乐能使我们运动过程的每一环节相互协调,将无效或低效的活动降到最小,使我们身体的运作达到最优化。"

据卡拉吉奥吉斯透露,目前最惊人的发现是:"音乐可以增强运动员的耐久力,帮助他们多跑18%的路程。"除专家外,教练也有自己独特的见解:"运动员喜欢戴耳机,除了放松心情外,还可以隔音,因为赛场实在是太吵了。"由此可见,音乐对游泳运动员具有良好的心理调节的作用,有助于运动员保持最佳的竞技状态。

改自:恒佳. 选择你的锻炼音乐[J]. 健与美,2014(3):37.

三、如何进行放松训练

(一)自生放松练习程序

自生放松是指练习者按照自己的意愿,使自身产生某种生理变化的一种训练,有人译作自律训练。自生放松强调的是呼吸调节、温暖感和沉重感。在进行放松训练时的一般要求是:①将注意力高度集中于自我暗示语上;②需要清晰、逼真地想象带有情绪色彩的形象;③能够清晰感知肌肉不同程度的紧张状态,从极度紧张到极度放松;④进行深沉而缓慢的腹式呼吸。

预备姿势:舒适地坐在一张软椅上,胳膊和手放在椅子的扶手或自己的腿上,双腿和脚取舒适的姿势,脚尖略向外,闭上双眼。想象自己套上了一副放松面罩,这副神奇的面罩把脸上紧锁的双眉和紧张的皱纹舒展开来,放松了脸上的全部肌肉,眼睛向下盯着鼻尖,闭上眼睛,下巴放松,嘴略微张开,舌尖贴在上腭,慢慢地、柔和地、放松地做深呼吸。当空气吸入时,会感到腹部隆起,然后慢慢地呼出,呼出的时间是吸入的两倍,每一次呼吸的时间都比上一次更长一些。

常用的指导语如下:

(1)平静而缓慢的呼吸,我的呼吸很慢很深。

（2）我感到很安静。

（3）我感到很放松。

（4）我的双脚感到沉重和放松。

（二）渐进放松训练程序

渐进放松是一种通过暗示语使身体各部位先紧张再放松,最后达到全身放松的方法。渐进放松强调的是肌肉不同程度的紧张和放松的体验。渐进放松训练可分为三个实施阶段:基本渐进放松训练;加上暗示语的渐进放松训练;在不同场地的渐进放松训练。

渐进放松训练的基本步骤:

（1）握紧拳头—放松;伸展五指—放松。

（2）收紧二头肌—放松;收紧三头肌—放松。

（3）耸肩向后—放松;提肩向前—放松。

（4）保持肩部平直转头向右—放松;保持肩部平直转头向左—放松。

（5）屈颈使下颏触到胸部—放松。

（6）尽力张大嘴巴—放松;闭口咬紧牙关—放松。

（7）尽可能地伸长舌头—放松;尽可能地卷起舌头—放松。

（8）舌头用力抵住上腭—放松;舌头用力抵住下腭—放松。

（9）用力张大眼睛—放松;紧闭双眼—放松。

（10）尽可能地深吸一口气—放松。

（11）肩胛抵住椅子,拱背—放松。

（12）收紧臀部肌肉—放松;臀部肌肉用力抵住椅垫—放松。

（13）伸腿并抬高 15 ~ 20 厘米—放松。

（14）尽可能地"收缩"—放松;绷紧并挺腹—放松。

（15）伸直双腿,足趾上翘背屈—放松;足趾伸直趾屈—放松。

（16）屈趾—放松;翘趾—放松。

随着放松技术的掌握程度越来越熟练,可以逐渐从躺式到坐式最后到在不同的场地上进行放松训练,即第三个阶段是渐进放松训练的最高阶段。

第二步　学会如何进行表象训练

一、表象训练的概念及进行表象训练的必要性

（一）表象训练的概念

表象训练（Imagery Training）是指在暗示的指导下,在头脑中反复想象某种运动动作或运动情境,从而提高运动技能和情绪控制能力。当产生一种动作表象时,总伴随着实现这种动作的

神经冲动,大脑皮质的相应中枢就会兴奋,原有的暂时联系会恢复,这种兴奋会引起相应肌肉进行难以察觉的动作。这种神经—肌肉运动模式与实际做动作的神经—肌肉运动模式相似,从而使通过念动练习来改善运动技能成为可能。

(二)进行表象训练的必要性

首先,表象训练有利于建立和巩固正确动作的动力定型,巩固和改善已学会的运动技术动作。Minas(1980)通过实验发现,表象训练可以提高动作学习的速度,在认知成分较多的动作学习中尤为明显。此外,国内的研究者也通过实验发现,表象训练可以有效提高少年篮球运动员的投篮技术(凤肖玉,等,1989),还可以改善乒乓球运动员的技术动作(张力为,1990)。

其次,表象训练具有调节人的情绪以及生理唤醒水平的作用。国外的一些实验支持这一结论。Murphy等(1988)发现,当受试者表象恐惧和气愤的情绪时,可以使受试者的唤醒水平提高。Harris(1984)提出,表象既可以使唤醒水平提高,也可以令其降低。此外,还有学者提出,表象自己成功地完成动作,能够增强动作练习者的信心,使注意力更加集中于当前的任务,甚至还有助于消除肌肉酸痛和单调乏味的感觉。

最后,表象训练有助于比赛的临场发挥。赛前对于成功动作表象的体验将起到动员的作用,使运动员充满必胜的信心,达到最佳竞技状态。例如,许多跳高运动员在试跳之前的几分钟,总要集中注意力想象成功跳跃新的高度的全过程,在心里不断重现自己曾经成功跃过横杆的精彩瞬间,这有利于临场时发挥出高水平。

二、如何进行表象训练

身体任何部位的肌肉出现紧张,都会影响表象的清晰性。因此,表象练习一般从放松练习开始,如先放松3分钟,再经过"活化"动员,便可开始表象训练。由于表象不如感知觉那样直观,没有实物的支持,很难长时间地将注意集中在表象上,因此,表象训练的时间不宜太长。下面是一个网球运动员进行表象练习的自我指示语。

(1)自然放松5分钟。

(2)活化动员:我已得到了充分的休息。我的头脑清醒,注意集中,全身充满力量,准备投入新的工作。

(3)表象训练:我正在清晰地想象训练的情境。先看优秀运动员的正手击球动作,第1球,第2球,第3球,……,第30球。现在,我准备练习正手击球。我可以清晰地想象出场地、灯光、队友、教练以及各种声音。教练正站在对面给我喂球,我应特别注意向优秀运动员学习,调整好垫步、引拍、挥拍动作、击球点、用力部位、重心变换、步法移动、随挥、放松和紧张的配合以及还原动作。第1球,第2球,……,第100球。

体育教师可以根据不同的运动专项、不同的练习目的和不同学生的情况设计相应的表象练习程序。

第三步　学会如何进行认知训练

一、认知训练的概念

认知训练（Cognitive Training）又称为认知疗法、认知调整、思维控制等，是指学生自己或者在体育教师的指导下通过认知活动调节心理状态或者情绪，以提高体育学习和教学效果心理技能训练方法。从广义上讲，注意、记忆、想象和表象等心理现象都属于认知范畴。我们这里所说的认知训练实际是狭义上的认知，或者说是认知评价。随着埃利斯（Ellis）的合理情绪疗法（ABC理论）、Beck对抑郁症的认知治疗理论的问世，他们认为可以通过改变人的认知进而改变人的情绪和行为。这些理论的共同点都是认为在情绪发生过程中认知因素起着重要的作用。在此基础上，逐渐发展出认知训练这种心理技能训练方法。

二、进行认知训练的必要性

第一，认知训练能够帮助学生掌握技术动作。运动技能是在本体感觉的基础上形成和发展的，因而，在教学初期，认知训练方法的重点应主要放在帮助学生建立清晰的动作整体的概括表象能力方面；学生基本掌握动作后，认知训练的重点应放在帮助学生建立动作的细节表象方面，以此促进学生对技术动作的尽快正确掌握。

第二，认知训练可以帮助学生改变不合理的认知。由于学生的情绪特征发展不稳定、波动比较大，当学生在运动技能学习中遇到挫折时，例如跳马失误、单杠掉杠等，容易出现畏惧、逃避甚至自暴自弃等认知问题。此外，学生在运动技能学习中还会出现绝对化要求、过分概括化、糟糕至极的想法和过分关注事件的结果而不是事件的当下等不合理认知。结合认知训练能够有效解决学生的这些不合理认知。

三、如何进行认知训练

教师在认知训练中可以采取以下步骤对学生的不良思维进行有效干预：

（1）向学生介绍埃利斯的ABC理论，使学生理解并接受该理论的要点。

（2）结合在体育教学或竞赛中，学生或运动员所存在的普遍性或特殊性问题，与他们一起分析并识别出自己所存在的不合理信念，并一一列出。

（3）转变不合理的信念，辩证法是常用的方法之一。

（4）积极引导学生关注当下事件（比如，一个技术动作本身），而不是关注事件发生的结果。

【实践案例】

学生比赛失利后的认知训练实例

中学生在比赛失利后，认知调整的方法一般按以下几个步骤进行：

（一）给自己积极的自我暗示

在挫折面前，可以用自我暗示的方法来减轻心理压力，调节情绪。遇到挫折时，不妨先坐下来厘清思路，看一看究竟有多少问题需要解决，不可让它们在头脑中成为一堆乱麻。对外界的议论、误解和压力，不争一日之长短，振作精神，从比赛失利中闯出新路。告诫自己：只要努力，时间可以证明一切。

（二）正确认识比赛的成败

面对失败，应该理智地分析失败的原因，以便重整旗鼓。诸葛亮有句名言：善败者不亡。所谓善败，就是善于从失败中总结经验教训。提供给自己的积极认识是：不要自暴自弃，自我诅咒。世界上遇到挫折的人很多，比赛失败的人更是数不胜数。我们要寻找自己的长处、优势和闪光点，学会欣赏自己。

（三）主动寻找平衡

善于从平淡中寻找出色，从失败中发现成功。让生活充满希望的积极心态，是不断走向成功的支点。在沮丧懊悔之余，给自己一点鼓励。

（四）自我重新定位

每一次比赛都提供给自己一个重新审视自我的机会，无论是总结经验还是吸取教训，都将在人生的履历上增添新的一页，加深对自己的认识。如果发现自己水平上升了，需要对自己重新定位，提出更高的要求。如果发现水平下降了，也需要对自己重新定位，加强自身实力积累，加强心理适应能力，加强临场调节水平。

（五）重塑期望

比赛过后，需要调整期望值。运动员、教练和家长应该认识到期望过高，实现不了，只会增加痛苦；期望适中，才可能激发运动员新的斗志。

改自：王鹏.中学生比赛失利后心理调适三部曲.

心理技能训练（Psychological Skill Training, PST）就是采用一定的方法和手段对人的心理施加影响，对大脑进行专门化训练，以达到强化心理技能，培养特殊心理能力的目的。根据心理技能训练内容与训练专项的紧密程度，可分为一般心理技能训练和专项心理技能训练方法。运动心理技能训练有助于掌握与改进动作技能、塑造与养成健康的心理品质、规避与适应运动应激情境和避免与减少运动伤害。心理技能训练方案的制订包括掌握心理技能训练对象的起始状态，确定心理技能训练目标，选择心理技能训练方法与内容，制订心理技能训练日程与评价标准和实施与总结心理技能训练方案。

放松训练（Relaxation Training），是以暗示语集中注意，调节呼吸，使肌肉得到充分放松，从而调节中枢神经系统兴奋性的过程。放松训练有利于体育学习者克服心理紧张、胆怯等消极情绪，避免过度运动带来的身心伤害，降低中枢神经系统的兴奋性，保障最佳竞技状态的发挥。常见的放松训练包括自生放松训练和渐进放松训练。

表象训练（Imagery Training）是指在暗示的指导下，在头脑中反复想象某种运动动作或运动情境，从而提高运动技能和情绪控制能力。表象训练有利于建立和巩固正确动作的动力定型，巩固和改善已学会的运动技术动作，调节人的情绪以及生理唤醒水平和有助于比赛的临场发挥。表象训练包括结合体育运动专项的表象训练和一般性表象训练。

认知训练（Cognitive Training）又称为认知疗法、认知调整、思维控制等，是指学生自己或者在体育教师的指导下通过认知活动调节心理状态或者情绪，以提高体育学习和教学效果心理技能训练方法。认知训练能够帮助学生掌握技术动作和改变不合理的认知。

思考题 ——　1. 何谓心理技能？

2. 什么是心理技能训练？

3. 请谈谈运动心理技能训练的意义和作用。

4. 请结合自己或周围的人在训练或比赛中出现的心理问题，设计一份运动心理技能训练方案？

【推荐阅读】

[1] 石岩. 体育运动心理问题研究 [M]. 北京：北京体育大学出版社，2007.

该书是作者个人的学术论文集，其中大部分以独著或合著的形式在相关刊物上发表过。它记载了迄今为止，作者在体育运动心理学研究道路上所走过的每一步，也是作者个人学术成长的履历。内容包括体育与锻炼心理学、体育社会心理学、竞技运动心理学、射击射箭运动心理学四个部分。

[2] 张力为，任未多．体育运动心理学研究进展 [M]．北京：高等教育出版社，2000.

该书的写作重点有两个方面：一是尽量全面反映运动心理学研究与发展的全貌；二是在全面介绍和评价世界运动心理学发展动向的同时，介绍和评价了中国运动心理学的研究成果。《体育运动心理学研究进展》共 7 编 23 章，内容涵盖运动心理学、锻炼心理学和体育心理学三大领域，主要包括：发展中的运动心理学、运动活动的激励因素、运动操作的认知特征、训练竞赛的心理调节、运动员的个人差异、训练竞赛的社会心理因素、身体锻炼的心理效应、运动心理学的方法学问题等。

任务十二
运用心理学知识促进学校体育团队发展

【学习目标】

1. 学习团队、体育团队、团队凝聚力、体育团队建设的概念。
2. 理解体育团队的分类以及特点和理论基础。
3. 掌握运用心理学知识促进学校体育团队建设的方法。

【关键词】

目标团队　体育团队　团队凝聚力　体育团队建设

【导入案例】

团队协作的力量

一次，联想运动队和惠普运动队进行攀岩比赛。惠普队强调的是齐心协力，注意安全，共同完成任务。联想队在一旁，没有做太多的士气鼓动，而是一直在合计着什么。比赛开始了，惠普队在全过程中几处遇到了险情，尽管大家齐心协力，排除险情，完成了任务，但因时间太长最后却输给了联想队。那么联想队在比赛前合计着什么呢？原来他们把队员个人的优势和劣势进行了精心组合：第一个攀岩的是动作灵活的小个子队员，第二个是一位高个子队员，女士和身体粗壮的队员放在中间，殿后的当然是具有独立攀岩实力的队员。于是，他们几乎没有险情地迅速完成了任务。可见团队的一大特色：团队成员在才能上是互补的。共同完成目标任务的保证就在于发挥每个人的特长，并注重流程，使之产生协同效应。这就是团队精神的最高境界——凝聚力。

全体成员的向心力、凝聚力是从松散的个人集合走向团队最重要的标志。在这里，有着一个共同的目标并鼓励所有成员为之奋斗固然是重要的，但是，向心力、凝聚力来自团队成员自觉的内心动力，来自共识的价值观，很难想象在没有展示自我机会的团队里能形成真正的向心力；同样也很难想象，在没有明了的协作意愿和协作方式下能形成真正的凝聚力。那么，确保没有信任危机就成为问题的关键所在，而损害最大的莫过于团队成员对组织信任的丧失。

从以上案例可知，建立一个好的团队是非常重要的，无论是在体育学习还是在体育比赛中，建设一支高质量的体育团队，将会使我们在学习或者比赛中达到事半功倍的效果。那么，什么是体育团队？什么是团队凝聚力？什么是体育团队建设？如何运用心理学知识促进学校体育团队建设？本章将围绕这些问题展开阐述。

单元一 掌握体育团队所需要具备的理论基础

第一步 学习体育团队的内涵

团队（Team）定义为"两个或更多的个人为了实现共同的工作目的和目标而形成的互相依赖和互相作用的集合体"。

体育团队（Sports Team），是指为了共同的目标而组成的各种人群组合体，团队成员有共同的目标和群体规范意识，有人际互动关系，情感上相互依赖，并对体育活动或比赛的绩效共同负责。

第二步 理解体育团队的分类

一、根据团队管理的方式分类

根据团队管理的不同方式，将体育团队分为四种类型：规范型体育团队、自我管理型体育团队、跨职能型体育团队和虚拟型体育团队。

1.规范型体育团队

规范型体育团队一般在团队中有一个核心人物充当领导的角色，在团队形成之前，教练员已经就团队组成进行过思考，根据自己的想法选择相应人员加入团队。成员定期或不定期地聚在一起，共同训练、共同参赛，并力争取得好的成绩。学校代表队和专业运动队都是常见的规范型体育团队。

2.自我管理型体育团队

这种团队成员一般在创建之前都有密切的关系，比如同学、亲友、同事、朋友等，是人们在交往的过程中，共同喜欢和认可某一项运动，并因此达成共识，组建团队。团队组建时，没有明确的核心人物，大家根据各自的特点进行自发的团队角色定位。因此，在团队初创时期，各位成员基本上扮演的是协作者或伙伴角色。社会上的健身娱乐团体或学校的体育类社团等都属于自我管理型体育团队。

3. 跨职能型体育团队

这种团队由同一等级、不同部门的成员组成，通常为完成一项特定的任务，需要多个部门或多种专业技术人才的支持。其优点是不同领域成员之间可以交换信息，激发出新的观点，解决面临的问题，协调复杂的项目。其缺点是团队成员之间建立信任合作需要较长时间。随着项目的结束，即宣布解散，失去效用。为筹办或管理体育赛事而临时成立的组委会或为参加某次综合体育大会而临时组建体育代表团等都属于跨职能型体育团队。

4. 虚拟型体育团队

虚拟型体育团队是指在不同地域的个人，通过信息技术进行合作的共同体。团队成员之间由于对某项体育项目的共同爱好，利用现代信息技术的优势，在虚拟网络中跨时间、地区甚至跨组织地协同工作。

二、根据团队成员的互依程度分类

根据团队成员的互依程度可分为集合型体育团队、次递型体育团队、循环型体育团队和协同型体育团队。

1. 集合型体育团队

集合型体育团队是指每一个团队成员都对团队做出各自的贡献，但团队成员间可能很少或没有直接的相互作用，每个成员几乎可以独立完成任务，这些任务累积起来成为团队整体的产出，团队成绩是所有成员成绩的叠加或均分。

2. 次递型体育团队

次递型体育团队是指团队成员对任务的相互依赖的关系是相继形成的。在这种情况下，小组成员间的行动顺序是一次发生的，即在一名队员完成任务的一刹那或之后，下一名队员才能开始行动。随后开始行动的队员是在队友先前完成的基础上继续工作。

3. 循环型体育团队

循环型体育团队是指团队成员通过履行其各自的职责为任务的完成做出贡献，成员一系列行动呈现"在时间上延迟，双向互动"的特点。在这种类型的体育团队中，团队成员需要根据不同时期的任务和环境的需求，采取不同形式的互依。比较典型的循环型体育团队包括赛车团队和棒球队。

4. 协同型体育团队

协同型体育团队是指团队成员共同诊断、解决问题，协同完成任务。因为团队成员必须经常互动，创建并执行一系列的行动，这样的团队也是适应力最强的。

第三步　理解体育团队的心理特征和功能

一、体育团队的心理特征

在体育团队中，团队成员受团队影响，可以产生以下四个方面的心理效应。

1. 体育团队的归属感

团队内各个成员发生相互作用时,行为上表现得很协调,同一团队成员能一致对外,彼此都会感到同属某一团队,这就是归属感。当团队取得荣誉或受到外界压力时,这种归属感会表现得更强烈。

2. 体育团队的认同感

团队内各个成员对一些重大问题与原则问题,往往都保持共同的认识和评价,这就是团队的认同感。团队的认同感会相互影响,这种影响是潜移默化的,尤其是当个人对外界的情况不明,个人情绪焦虑不安时,团队其他成员对其影响更大。

3. 体育团队的角色感

一个人在团队内长期所处的角色,会使人逐渐形成一种特有的习惯心理,使其言谈、举止和思想方法都打上"角色"的烙印。

4. 体育团队的力量感

当一个人表现出符合团队规范,符合团队期待的行为时,团队会给予他赞许和鼓励,从而进一步强化他的行为,使其产生力量感。

二、体育团队的功能

1. 教育功能

目前,我国学生中独生子女的比例日益扩大,绝大多数家庭中的独生子女享受着"小太阳"式的宠爱,不可避免地会滋生出"唯我独尊"的利己主义思想和骄横任性、懒惰依赖等不良心理。利用体育团队的同化教育作用来影响、教育独生子女,是一个行之有效的好方法。团队使这些独生子女懂得并学会关爱他人、尊重他人,用团队的规则、荣誉来激励和约束自己。另外,体育团队把学生的自尊心和好胜心引向正面、积极的一方,使他们把个人的自尊与团队、国家的荣誉和尊严结合起来,在团队中追求自己的社会价值,提高自己的个人价值,以培养其诚实、勇敢、团结、活泼的优良品质。

2. 社会促进功能

社会促进也称社会助长,是指个体完成某种活动时,由于他人在场或与他人一起活动而造成行为效率提高的现象。美国心理学家普利特(Triplett,1897)的团体效应实验研究发现,团队条件下个体完成工作的成绩好于个体单独完成工作的成绩,阿尔波特(Allport,1924)称此现象为社会助长作用,即社会促进作用。心理学家孟斯特伯(Munsterberg,1905)和莫德(Moede,1920)相继做了类似的实验,又注意到社会促进作用下活动效率有时会降低,这取决于所从事的活动的性质。如果是复杂的活动,不熟练的成分占优势,那么社会促进作用就表现为活动效率的提高。基于以上研究发现,在体育团队中,我们应学会利用社会促进效应的好处,同时克服其副作用。体育团队是一个同龄小团体,当团队成员看到自己队友优异的表现时,会激发他们的斗志,调动他们奋发向上的激情,从而形成团体内部"比、学、赶、帮、超"的积极竞争的氛围。

3. 社会控制功能

社会控制是指社会组织利用社会规范对其成员的社会行为实施约束的过程。有广义和狭义之分，广义的社会控制，泛指对一切社会行为的控制；狭义的社会控制，特指对偏离行为或越轨行为的控制。在团队中会形成一定的团体规范，并与社会相适应，进而对团队成员的行为具有一定的约束作用，它可以协调团队中各个成员之间的关系，修正他们的行为，明确他们的任务与方向，调整他们的状态使之功能耦合，结构协调，相互配套，尽量使团队成员共同发展，与社会相适应，促进社会的良性运行和协调发展。

4. 技能互补功能

团队成员的各种资源储备、擅长的技术领域、个人的能力是能够互相弥补的，通常这种能力是具有不可替代性的，在体育团队协作过程中，应搭配合理，使每个成员都能发挥自己的特长，不但能体现强大的战斗力和解决问题的能力，还能使团队的效能发挥最大化。在有限的体育团队成员中，充分发展团队技能的优势互补，是一个团队的基础保障，也是效率的集中体现，更是团队取胜的关键。

[知识拓展]

体育团队的理论相关

一、共生效应

共生效应是一种社会心理效应，指个体与个体，个体与群体间相互依存。每个人都是独立的生物，但却不能孤立存在，要在人群构成的外环境中生存和发展。在这个外环境中，人们合作完成一些活动，共同抵御侵扰，每个人都离不开他人，而每个人都是他人生存和发展的条件。团队就是要使每个人有一种强烈的归属感和共同感。人是社会性动物，在相互依赖的家庭群体中长大。团队就是依靠了人的这种心理基础把每个个体聚集在共同目标下。把个人发展目标与集体发展目标结合起来，达到共存共赢。

主体性是人的本质特性，发展人的主体性是教育追求的目标。在主体间交往中，每个人既要最大限度地发挥自己的主动性、创造性，促进自身发展，同时又要通过交往使得交往双方相互作用，相互认可。构建双方主体的主体性，实现主体间的共同发展。主体间共同交往的前提条件之一是合作关系。没有合作，主体就是孤立的单子式主体，合作是双方充分理解相信的基础上，通过心理碰撞、思想冲突，以达到最终的融合与共享。

二、群体动力学理论

美国社会心理学家勒温的群体动力学理论提出运用系统、动态权变的观点，分析研究群体规范、群体决策、群体沟通、群体冲突、群体内人际关系等因素和环境之间的相互作用，以及群体对个体关系行为的影响。他认为，群体总是动态的，个体与个体、群体与个体始终发生着相互作用。群体动力过程不仅是群体诸要素之间相互作用的过程，也是群体成员之间关系变化和协调的过程，这种相互作用的效果表现在两个方面，贬值和增值。即群体动力是群体成员实现共同意愿和目标的总和，它与群体成员原有的动力的简单总和是不同的，表现为"1+1>2 或 1+1<2"。原因在于群体成员之间的相互作用。该理论对团队中如何有效激发群体动力进行

了研究。

群体动力学理论的主要意义在于启发人们从内因的角度去考察和研究群体行为的产生和发展规律；从群体成员间的关系以及整个群体氛围中去把握群体行为的变化过程；使个体、群体和社会三位一体的关系逐渐得到认识；促进了小群体研究重点的转化；并在心理学和社会学之间架起了一座桥梁。

单元二 学习团队凝聚力的有关理论基础

第一步 学习团队凝聚力的内涵

体育团队对其成员所具有的多种吸引力的总和就构成了团队的凝聚力，团队的凝聚力可视为团队的团结性。团队凝聚力来源于团队成员对其他成员的喜欢，团队给自己带来声望、荣誉，有助于个人达到目的，取得成就。

第二步 认识团队凝聚力的分类

体育团队的凝聚力可分为任务凝聚力和交往凝聚力。

任务凝聚力：是指团队内成员为达到特定的任务而在一起工作的程度。它是与完成团队目标和指向运动的客体相联系的。

交往凝聚力：是指队员之间彼此喜欢和彼此愉快地交往的程度，涉及友谊、亲和、社会性支持以及人际关系等。

第三步 掌握影响体育团队凝聚力的因素

一、团队成员间的相似性

如果团队成员间志同道合、价值观、兴趣、性格、态度等方面相似，就容易使人感到彼此接近，产生好感，相互吸引，乐于交往，投入感情，自然而然地使团队的凝聚力增强。

二、团队中的人际关系

团队成员互相协助,关系融洽、密切合作,建立起良好的人际关系,必然有助于群体目标的顺利实现,从而使团体的凝聚力提高。这样也满足了成员情感上的需要,产生了愉快的心理体验。在挫折与困难面前,能受到队友的安慰与鼓励,可提高对团队的依恋性,同时也加强了团队的凝聚力。体育教师、教练员是体育团队中的最高领导,他们的所作所为,对团队至关重要,对凝聚力的高低影响重大。

三、团队内部的协作

团队各成员为完成共同的目标而进行协作,彼此为对方提供有利的条件,相互受益,共同提高。通过合作,会使每个成员都意识到自己对他人的依赖,都感到需要别人的帮助,才能使自己的活动成功,达到自己的目标。而这样一来,就会使团队成员对共同的活动感到满意,并且彼此发生好感,进而频繁交往,团队的凝聚力不断得到提高。

四、团队之间的竞争

当团队之间开展竞争时,各自的团体内部就会产生压力和威胁,迫使所有的成员自觉地团结起来,减少内部分歧。能够忠于自己的团队,维护团队的利益,一致对外,以避免自己的团队受挫、受损。这样,团队成员间的关系就变得密切起来,大家同舟共济,共赴使命,团队的凝聚力也就得以提高与加强。

第四步 掌握提高体育团队凝聚力的途径

首先,团队的目标任务必须尽量与个人目标相一致,使其成员觉得实现自我目标的最佳途径是实现团队的目标。并且不断完成任务,取得好成绩,提高技术水平,满足个人和团队的各种需要。

其次,要培养成员的团队意识、荣誉感和责任感,团队应保持良好的人际关系,尽量克服和缓解团队内存在的矛盾与冲突,最好是在矛盾与冲突的萌芽状态就加以解决。

最后,团队的领导都应有一定权威,能使成员信任,让成员觉得有光明的前途,也有助于提高团队的凝聚力。

第五步 学习团队凝聚力的测评工具

问卷调查法是团队凝聚力测量中最为常用的方法。最早用于测量体育运动中的凝聚力问卷是马滕斯等人(1971)编制的体育运动凝聚力问卷。该问卷包括了 7 个维度,多数条目所测的是社交凝聚力。卡伦(Carron,1982)的多维运动凝聚力量表是在凝聚力理论模型的基础上编制的,该问卷由 4 个维度,22 个条目组成。随后,卡伦在 1985 年编制了另一个运动团队凝聚力问卷—群体环境问卷。该问卷包括 4 个维度,分别是团队任务吸引力、团队社交吸引力、团队任务一致性和团队交往一致性。中国学者马红宇以群体环境问卷为基础材料,通过访谈部分中国运动队教练员和运动员,探讨该问卷在中国的可用性,并对相关内容进行了修订,最终形成了修订后的群体环境问卷。

社会测量法也是测量团队凝聚力的一种方法,它是通过测验或问卷的形式收集团队中人际关系状况资料,然后用图表、数据分析等数据量化的方法将群体人际关系予以表达的一种定量测量方法。使用这种方法主要测量的是交往凝聚力,用来说明团队成员互相间的友谊,小团体的产生,关键人物和孤立人物。使用社会测量法的核心就是确定安排测验的选择标准,通常是一个问题,如"你喜欢和谁一起练习",在测试体育课堂中的团队凝聚力时,会要求学生写下"参加分组时最愿意与哪位同学分在一组和最不愿意与哪一位同学分在一组"。经过测试后形成一张社会图,这里面包括孤立者、被拒者、对偶、互拒、小团体、明星和领袖 8 种状态的人际关系。据此,可做一个图示来描述一个团队内部的人际关系。

【理论拓展】

高校教学团队建设的理论基础

美国社会心理学马斯洛在《人类动机的理论》一书中提出了团队需要的 5 个层次。

1. 生理要求。这种要求是维持生存的最基本要求,人类要生存就要吃、喝、住等基本条件。动物要生存也有这种要求。属于需要的最低层次。

2. 安全要求。人要生存下去,满足了吃、喝、住等基本生理需求,最重要的需求就是安全,有了安全的环境,人们才能自由自在地生活。

3. 归属与爱的要求。人不仅需要有立其身的自由空间,也需要社会空间。有一定的活动场所,在一定的群体中获得爱和关心,与大家和睦相处,建立健康的人际关系。

4. 尊重需要。这种尊重包括内部尊重,即指自尊、成就等。外部尊重指公众的关注、认可及地位等。

5. 自我实现的需要。自我实现的需要是指个人充分发挥自己的潜力,不断充实、完善自我,达到完美无缺。人们从生理需要到自尊需要,这是一个人从自我保护到自我表现的需要,通过努力容易满足。而要满足自我实现的需要则不那么容易,因为满足自我实现的需要一定要有良好的组织气氛。马斯洛指出,具有自我实现需要的人有很多,只是程度不同而已。究其原因,主要是缺乏促使个体趋向自我实现之境的"场域"。

任何一种需要浮现于意识中的或然性,取决于更具有优势需要的满足或者不满足状况,占优势的需要将支配一个人的意识,不占优势的需要则被减弱。当一种需要被平息,另一种更高级的需要就会出现,转而支配意识活动,并成为行动组织的中心,而那些已满足的需要不再是积极的推动力了。

第一步 学习体育团队建设的内涵

团队建设是组织为了提高组织效能而在管理中有目的、有计划地组织团队,并对其团队成员进行训练和提高的活动。相应的,体育团队建设就是体育组织为了提高体育组织效能而在管理中有目的、有计划地组织团队,并对其团队成员进行训练和提高的活动。

第二步 认识体育团队建设的原则

一、设计适合的团队规模

最佳的工作团队一般规模适中,增加团队成员,能够使可利用的人力资源增多,也可提升团队绩效和成员的满意度,即规模效应。但规模效应不是越强大越好,如果团队规模继续增大,会使沟通与协调减弱,流动率、缺勤率就会上升,人浮于事的状况就难以避免。在体育团队中,因不同项目的规则和特点不同,团队的规模也不同,如一支完整的足球队上场人数是 11 人,加上替补队员一般规模为 16 ~ 22 人,而一支篮球队,正规上场人数是 5 人,所以,一支篮球队的团体规模通常为 10 ~ 15 人。但是,根据团队动力学的原理,一个适中的团队规模应在 12 人左右,多了则需要重新组织和分队。

二、建立合理的团队结构

关于合理的团队结构,罗宾斯提出,一个团队想要有效运作,需要三种不同技能的人,第一,需要有技术专长的人;第二,需要有解决问题和决策技能的人,即能够发现问题,提出解决问题的建议,并权衡建议,作出有效决策的成员;第三,团队需要善于聆听、反馈、解决冲突及协调人际关系技能的成员。体育团队建设除了考虑罗宾斯的团队结构外,还要考虑专业技术人才的差异性与互补性,避免因结构失衡和比例失调而削弱团队工作的有效性与积极性。

三、培养团队成员的高度责任感

"责任心"是团队合作的核心,团队协作成功与否,取决于团队中每个成员的责任意识。在团队建设中,一定要重视团队中每一名成员责任心的培养,这样,才能使体育团队效能发挥最大力量,才能使团队生命力得以延续。在体育团队建设中,要让每个成员都明白自己在团队中的位置和角色,并明明白白地承担自己在团队所肩负的责任,积极履行自己的职责。

四、确立具体而明晰的团队目标

在前述章节中就已经提到目标设置在团队中的地位及作用,也已经知道怎样进行团队目标设置,这里不再赘述。需要明确的是,已有研究表明,目标的准确性和目标的难度影响着团队的绩效,二者呈显著的正相关。在体育团队实践中,竞技体育团队的目标通常是获得友谊的竞赛成绩,而健身体育团队的目标主要是促进人际和谐、身心健康。一般来说,成功的体育团队能建立一种团队成员普遍接受的、具体的、可衡量的、现实可行的目标,这种目标成为激发成员的动力,指引着团队不断前进。

五、培养团队成员的团队精神

团队精神是大局意识、协作精神和服务精神的集中体现,核心是协同合作,反映的是个体利益和整体利益的统一,进而保证组织的高效率运转。团队精神的形成并不要求团队成员牺牲自我,相反,挥洒个性、表现特长保证了成员共同完成任务目标,明确的协作意愿和协作方式则产生了真正的内心动力。团队精神具有目标导向功能、团结凝聚功能、促进激励功能、实现控制功能。它能够推动团队运作和发展,培养团队成员之间的亲和力,有利于提高组织整体效能。因此,需要重视培养团队成员的团队精神。

六、建立团队高效的沟通渠道

团队成员之间的沟通有利于其对团队任务的理解和及时了解对方的情况,然后据此对自己的工作进行适当调整,相互协调地完成团队任务。团队的沟通渠道应是全方位的,既要有正式的沟通渠道,又要有非正式的沟通渠道;既要重视信息的沟通,又要重视成员间的情感沟通。在体育团队建设中,除了在场上要建立一种规则允许的沟通方式,还要多创造一些团队成员在竞赛和训练之余的交流机会。

七、完善团队授权

在团队建设中,领导者要学会适当放权,给成员更多的自由空间,以充分调动他们的积极性。同时,由于信息资源的时效性和个人能力的有限性,我们还要充分调动成员的奉献精神,实现资源共享和资源合理配置。在实践中,体育团队领导应逐步放权,并会不断对团队的绩效进行评估。通过有效的放权与授权,一方面可以使团队领导从一些冗余和琐碎的具体事务中解脱出来,去考虑团队发展的大事,另一方面可以让被授权的队员得到更多的锻炼和成长空间。

八、建构公正的绩效考核体系

绩效考核是团队建设中重要的内容之一,团队的绩效评估和奖惩体系体现了组织的期望与承诺,团队希望其成员有什么样的表现及这样的行为将会有什么结果,团队的绩效评估与奖惩体系对成员的行为有很大的导向作用。通过构建科学合理的绩效考核体系,有利于促进团队成员的积极性和热情,从而促进团队的可持续发展。只有建立公正的绩效评估,才能确保公正的奖惩。在体育团队中,应结合个人绩效评估与团队绩效评估进行综合评价,并且,除了团队成员之间要进行绩效评估外,不同的体育团队之间也可进行绩效评估。

九、健全高效的团队培训体系

团队在完成工作任务的过程中,需要成员掌握相应的知识与技能,这些知识与技能有的是成员本身具备的,有的是成员不具备的,这就要求成员不断地学习。在体育团队建设中,体育团队需要为队员提供相应知识、技能培训,来提高队员持续创造的能力,进而带来团队工作效率的成倍增长。在知识经济背景下,体育团队不能只顾眼前利益,而要立足长远,建立健全培训体系,只有这样才能持续发展。

第三步　认识体育团队建设成长的四阶段

一、形成阶段

当体育团队成员第一次碰面时,"形成"阶段就开始了。在初次会面中,体育团队成员相互认识。他们开始交流各自的背景、兴趣和经验,形成了对彼此的第一印象。他们开始了解团队即将着手的工作,讨论项目的目标并开始思考各自在项目中的角色。他们还没有开始正式的项目工作。他们正有效地"相互感知",正在寻找合作的方式。在体育团队成长的这个最初阶段,体育团队领导对目标有清晰的认识,对项目提供明确的方向是很重要的。体育团队领导必须确保所有成员都参与决定体育团队角色和责任,同时必须与团队一起努力,帮助他们建立合作的方式("体育团队规范")。体育团队依赖于体育团队领导的指导。

二、震荡阶段

当体育团队开始一起工作时,他们就进入了"震荡"阶段。这个阶段是无法避免的。每个体育团队(尤其是过去从未合作过的新体育团队)都会经历体育团队建设这一过程。在这个阶段,体育团队成员为了地位,为了让自己的意见得到采纳而互相竞争。在应该做什么和应该怎么做上,他们都有不同的意见,这些都会在体育团队内部造成冲突。在团队领导的带领下,他们在经历这一阶段时会学会如何共同解决问题,既能独立地又能与团队一起发挥作用,并能找到各自在团队中的角色和应担负的责任。体育团队领导需要在这个阶段中熟练地推动体育团队进步,并确保团队成员学会互相倾听并尊重差异和不同的想法。

三、规范阶段

当体育团队进入"规范"阶段,他们就开始作为整体更高效地工作。他们不再专注于个人目标,而是专注于建立一种合作的方式(过程和程序)。他们尊重彼此的意见,意识到了差异的重要性。在这个阶段,体育团队已经就如何一起工作,如何分享信息和解决团队矛盾,以及使用何种工具和流程来完成工作方面达成了一致意见。团队成员开始相互信任,主动为他人提供帮助,或向他人索求帮助。他们在为完成一个共同的目标而相互帮助,而不是相互竞争。团队成员也随着有效合作的开展而开始在项目上有显著的进展。体育团队领导必须总是确保团队成员能够相互合作,同时也可能开始对团队成员起到教练的作用。

四、成熟阶段

在"成熟"阶段,体育团队以高水准运行。重心在于作为一个整体来实现目标。团队成员已经相互了解、相互信任和相互依靠。在这个阶段,团队领导不参与决策,解决问题或者其他团队日常活动。团队成员作为一个整体进行高效工作,无须像其他阶段一样受领导监管。体育团队领导持续监督团队进度,与团队一起庆祝"里程碑"的完成,持续培养团队的友情。当决策需要组织高层时,团队领导也能起到纽带作用。

第四步　掌握运用心理学知识促进学校体育团队建设的策略

一、对运动员进行心理测量,为其提供科学的依据

测量表可选用我国著名的心理学家王极盛编写的《中国人心理健康自测量表》,其权威性较高。对测量表中的人际关系、心理承受能力差、适应性差、心理不平衡、情绪焦虑、抑郁、敌对、偏执、躯体化等分别进行测量,从而为学校领导运用心理学的理论,对体育团队进行科学的管理提供依据。

二、根据运动员不同气质类型,采取不同教育方法

根据巴甫洛夫的研究,人可以分为四种不同的气质类型,这四种气质类型分别是:胆汁质、多血质、黏液质和抑郁质。根据不同气质的,应选取相应的训练手段来合理安排训练,提高训练效果。如胆汁质运动员喜欢节奏快、刺激强的体育活动,通常表现出情绪高涨,学习积极性高等特点。对这类运动员应充分肯定他们热情、积极的优点,同时在适当的时候要对他们进行批评教育。多血质运动员不愿学习单调的动作,但对难度大的动作有浓厚的兴趣,喜欢自己尝试新动作。对这类运动员要教育他们明确学习目的,培养他们认真钻研的学习精神,采用灵活多样的教学方法等。黏液质类运动员在学习难度较大的动作时常常表现出畏难情绪,有时逃避练习,对这类运动员应帮助他们树立自信心,启发他们的积极思维,采用游戏法、竞赛法来提高他们的兴奋程度。抑郁质类运动员缺乏主动性,不爱交际、孤僻,对这类运动员应鼓励和培养他们勇敢、大胆、果断的精神,主动对他们的体育学习进行指导和帮助,采用连续变换的练习方法,及时给予鼓励与肯定。

三、实施人文管理,减轻运动员的心理压力

通过对运动员的心理测量,可以发现运动员存在哪些心理问题。在当前复杂的社会竞争中,

运动员有着各种各样的压力,有来自社会的、国家的、教练的、家人的等,所以学校应对运动员采取人文管理的方式,如提供良好的住宿环境,完备的设施场地,高质量的医学团队和充分的物质保障,力求减轻运动员或教练员(体育教师)的心理压力。其中,学校应设置一些专业的医疗点,定期适时地对运动员进行心理干预,它包括健康促进、预防性干预、心理咨询和心理治疗等。

四、进行合理的目标设置,为团队共同目标努力

在进行目标设置前,一定要对运动员进行思想上的交流,帮助他们树立正确的体育价值观,以便于形成正确的运动动机与团队文化。紧接着,运动员应根据团队的共同目标以及个人自身的特点来制订合理的目标,在进行目标设置时要注意目标一定要具体、清晰。短期目标与长期目标相结合,目标要具有可测量性、可观察性,教练员与运动员共同制订目标等,制订目标后要及时与教练员交流反馈,共同为团队目标努力。

五、加强团队凝聚力、团队精神、团队士气,发挥团队最大力量

团队凝聚力、团队精神以及团队士气,是一个团队力量的体现。这三者之间有着密不可分的关系。他们主要体现在团队的交际、团队的文化方面,所以运动员应多交流并多组织一些素质拓展以及文化活动,在活动中形成他们的团队凝聚力并且在活动中灌输他们自身的团队文化,而团队士气更多地体现出他们本身的精神面貌,来源于他们对自身团队的肯定与鼓舞。所以在交流过程中,要不断灌输团队文化也要加强他们对于自己以及对团队成员的认可,从而加强他们的团队凝聚力、团队士气与团队精神。只有高度的团队凝聚力、团队精神和团队士气,才能激发团队的最大力量。

六、重视教练员与运动员的关系,共同为团队发展努力

目前,社会对教练员与运动员的关系非常关注,教练员与运动员的关系是非常重要的,它关系整个团队的效能。时代是不断发展的,那种对运动员动不动就打骂的教练,以及运动员对教练只有惧怕的这种水火不容的关系应当摒弃。目前,教练员与运动员的关系应是一种较为微妙的关系,有时似家人,有时似朋友,有时似师生……他们之间的关系应该是一种和谐的关系,这样才能进行更好的交流,同时也更能加强团队的凝聚力,共同为团队的发展而努力!

七、采取激励手段,创造团队价值

激励手段有很多方式,如物质激励、精神激励以及金钱激励等,采取适当的激励方式对运动员或教练员、体育教师的表现具有促进作用。在团队中,我们更应采取精神激励的方式,这种方式的激励效果更长久,不仅能更好地调动团队的积极性,也能使团队的凝聚力更稳定。如在团队业绩中,我们应根据个人发挥的力量在团队考核中所占的比例来进行适当的激励与鼓励。不仅可以采取物质手段,更应该采取精神激励的手段。当然,除此之外,我们也应鼓励他们学习,帮助他们成长,不断地创造自身价值,为创造团体价值打下坚实的基础。

第五步　学习体育团队建设的评估手段

一、体育团队建设评估的意义

体育团队建设评估是指对体育团队建设主指标和许多子指标进行评估,并出具评估报告的过程。其中,主指标反映团队建设的整体效果,从主指标的评估中可以看出团队发展处于哪个阶段,并有针对性地加以改造,而子指标则反映团队各个方面的建设效果,定期对团队的整体素质、健康程度进行考评,通过各指标所反映出来的数据,便可知道团队建设在哪个阶段、哪些方面存在问题,了解问题所在,便于上级领导和队员对此提出对策,并有效解决,从而提高团队建设的针对性和有效性。具体来说,体育团队建设评估具有下述意义:

(1)促进团队工作业绩的提高

(2)让团队成员了解整个体育团队运作的进展情况

(3)明确自己的下一步工作及任务,查漏补缺

(4)鼓励提高能力,激励进步

(5)促进体育团队成员之间的交流与学习

(6)整顿团队纪律,纠正行为上的问题

(7)收集资料,以便体育团队发展和管理的决策

二、如何评估体育团队建设绩效

如何评价体育团队绩效,是体育团队建设的一个重要理论和实践问题。对于了解问题症结所在,并针对性地提出解决对策,完善体育团队建设与管理有着重要意义。团队绩效的评价,主要可以从下述四个方面进行。

(一)团队业绩

体育团队业绩,应能满足或超过组织所定义的量与质的标准。提高团队产出效率与效益,始终是我们构建体育团队,建设体育团队,管理体育团队的出发点和最终归宿。完成和超额完成组织确立的产出水平,即团队业绩,是衡量团队业绩的重要指标。体育团队业绩由于团队的不同目的导致团队的产出是不一样的。如健身类体育俱乐部的产出业绩主要是健身效果,竞技类体育团队的产出业绩主要是竞赛成绩,而学生体育社团的产出业绩主要是培养好的成绩。

(二)团队成员满意度

团队成员的关系不仅必须给人们以短期的满足,而且要能促进他们长期发展,如果做不到这一点,团队就可能难以发展,而团队成员对团队的满意度则是评价体育团队绩效一个重要指标。

(三)团队精神和团队士气

通过团队建设,团队成员需具备良好的团队精神和高昂的团队士气,也是检验体育团队建

设效果的两个重要指标。团队精神是一支高效团队所表现出来的团队文化,团队士气是一支高效队伍令人生畏的武器。

(四)团队成员之间持续合作的能力

团队用以完成任务的人际关系过程,应能维持或提高成员的工作能力,不能合作的团队不会有高的团队绩效,所以,评估体育团队绩效时还要考虑团队成员之间是否愿意继续合作,以及合作的意愿程度等指标。

【实践应用】

如何提高体育运动中的团队精神

一、团队凝聚力对成绩提高幅度的影响

凝聚力高的团队,其成员就更加遵循团队的规范和目标。因此,如果团队倾向于努力训练,争取好成绩,那么高凝聚力的团队训练水平就会更高。对团队的教育和引导是十分关键的一环,管理者必须在提高凝聚力的同时,提高团队训练指标的合理水平,加强对团队成员的教育和指导,克服团队中可能出现的消极因素,使团队的凝聚力真正成为提高训练水平和比赛成绩的动力。

二、团队士气与团队成绩的关系对管理者的启示

对管理者来说,既要关心提高团队成绩,又要关心提高团队士气。提高团队士气是一个方面,引导其目标与组织目标一致是另一个方面。因此,我们所说的士气,是建立在对组织目标的自觉认识基础上的,是团队目标与组织目标相一致的团队士气。此外,如何使团队士气保持稳定和高涨,也是一个重要问题。根据前面我们对有关影响团队士气因素的分析,我们可以找出妨碍团队士气提高的原因,有针对性地制订训练计划和比赛方案,充分调动运动员的积极性,从而提高训练水平和比赛成绩。

三、团队的合作意识

从现有体育发展的角度看,竞技化程度越高,团队合作就越需要加强。因此,合作在体育活动中有着重要的地位和作用,合作有助于提高竞赛水平。同时,现代体育的特点之一,就是既有细致的分工,又有严密的合作。正是因为建立在分工基础上的合作,才能使训练和比赛水平得到不断提高。合作有助于提高团队的人际关系,增强群体凝聚力;合作有助于做好思想工作,增加精神动力。

四、团队的沟通

队员们需要了解自己在队里的能力和所担负的责任,因而需要了解更多的信息,以客观地估量自己在队中的位置,尽可能地做到心中有数。真正有效的沟通并不是要等到队员知道了阶段目标或更长远的目标对自己和工作的影响之后才发生。尤其是竞赛机制的不断发展与改革、各俱乐部的竞争以及各队之间的激烈竞争,这些信息都必须被每一个队员所了解,这项工作常常落在领队和主教练肩上。

五、团队中的人际关系是影响团队活动的重要因素

所谓团队中的人际关系,就是指在团队活动中团队成员之间的交往与联系。研究团队内

人际关系的目的,在于通过人际关系来观察、衡量团队凝聚力的状况,并通过改善团队内的人际关系促进团队凝聚力的提高,从而提高团队士气,促进团队行为的合理以达到更好的团队绩效。

任务小结

  体育团队是指为了共同的目标而组成的各种人群组合体,团队成员有共同的目标和群体规范意识,有人际互动关系,情感上相互依赖,并对体育活动或比赛的绩效共同负责。在体育团队中,团队成员受团队影响,可以产生四个方面的心理效应,即体育团队的归属感、体育团队的认同感、体育团队的角色感、体育团队的力量感。而体育团队建设就是体育组织为了提高体育组织效能而在管理中有目的、有计划地组织团队,并对其团队成员进行训练和提高的活动。在这两者之间,团队凝聚力是连接它们的最为关键的因素。

  我们需要掌握运用心理学知识促进学校体育团队建设的策略。在实践应用中,需对运动员进行心理测量,为其提供科学依据;需根据运动员不同气质类型,采取不同的教育方法;需进行人文管理,减轻运动员或教练员的心理压力;需进行合理的目标设置,为团队共同目标努力;需加强团队凝聚力、团队精神、团队士气,来发挥团队最大力量;需重视教练员与运动员的关系,共同为团队发展而努力;需在适当的时候采取激励手段,来创造团队价值等。运用这些策略更好地建设体育团队。

思考题

  1.请结合自身所在体育团队或其他人所在体育团队,来分析自身体育团队与其他体育团队相比,自身优势与不足在哪里?其他团队的优势又在哪里?

  2.您最近有没有为体育团队建设而感到烦恼,您怎么运用心理学知识来解决体育团队建设中所遇到的问题,以及怎么使自身的体育团队发展得更好?

任务十三
提高体育教师的心理健康水平

【学习目标】

  1.学习心理健康的定义与标准。

  2.理解体育教师心理健康的意义。

  3.掌握体育教师心理健康的特点及维护策略。

【关键词】

  心理健康

【导入案例】

体育教师——一个需要关注的心理弱势群体

  目前,在全国范围内有30万体育教师,他们呕心沥血在为几千万中小学生的健康成长服务的同时,自身的健康状况也应该引起社会的关注。

  中小学体育教师在学校事务多(教学、训练、两操、带班等)、身心疲惫、社会地位不高等压力之下,再加之在市场经济的大潮中,超额的付出得不到相应的回报或荣誉的激励,出现心理、情绪不平衡就在情理之中。据有关对体育教师心理健康所做的调查显示,男教师心理健康问题排在前5位的是:心理承受力差;适应不良;人际关系紧张;敏感与偏执;情绪不平衡。这可能与他们的价值期望、工资、奖金、荣誉等有关。

  一个优秀体育教师的成长,既需要自己多年摸爬滚打的探索和磨炼,也需要国家、社会和单位的关心、关爱和支持。对体育教师的关心、关爱和支持,除了物质上的,更多的是精神上的激励和关怀。在我们的社会中,普遍存在这么一种心理:体育教师不就是当孩子王吗?蹦蹦跳跳谁都会,你愿意干就干,不愿干,走人,能领着孩子玩的人多的是!就其本质而言,体育教学是一门科学,学生的健康需要符合科学规律的创造性教育来保障,外行所看到的"谁都会的花样"后面,真正规律性的东西却被抛弃了。

  研究表明,社会贬低、心理失衡、工作压力大等都是影响体育教师心理健康的主要因素,也是制约体育教师胜任特征的关键所在。体育教师心中许多不为人知的苦楚与失落在行为上表现出来以后,如果得不到应有的关怀和化解,就会成为心理健康问题的"雪球核"越滚越大,最终发展成为心理障碍或心理疾病而害人害己。

从上述案例可以看出，如果体育教师的心理健康出现了问题，不仅会使体育教师在工作中出现体罚学生、工作得过且过、倒行逆施等负性行为，而且会给其所持有的世界观、价值观和人生观带来负面影响，更谈不上让其肩负起满足学生体育需求和健康需要等重大责任。那么，心理健康的定义和标准是什么？心理健康对体育教师有何意义？怎样维护体育教师的心理健康？本任务将围绕这些问题进行阐述。

单元一 学习心理健康的基础知识

第一步 学习心理健康的定义

心理健康（Mental Health）是一种健康或幸福状态，在这种状态下，个体可以实现自我、能够应对正常的生活压力、工作富有成效和成果，以及有能力对所在社会作出贡献。

第二步 了解心理健康的标准

心理健康的标准至少应该包括 4 个方面的内容（季浏，1995），见表 13-1。

表 13-1 心理健康标准

内　容	表　现
智力正常	智力在人群中要处于中等及以上水平，智力低下所表现出的智障、呆傻等情况都属于智力不正常
适当的情绪控制能力	面对外界事物变化的刺激，能使情绪在适度的范围内波动，不轻易表现出极端情绪，如大喜或大悲等，情绪变化不过于剧烈。能及时调整紧张、焦虑和抑郁等不良情绪，能将情绪经常保持在乐观积极、轻松愉快的状态
对自己能做出适当评价	能正确地认识自己，清楚自身的优势与弱点，并且悦纳自己，对自己有一个相对客观、准确、稳定的评价，不因为别人的评价或一时成败而轻易动摇对自己的看法
能保持良好的人际关系	不损害集体或他人的利益，不伤害或妨碍他人，尊重他人，乐于助人，注意与他人进行交流与协作，与周围的多数人能友好和睦相处

第三步 认识体育教师心理健康的意义

一、体育教师心理健康是自身健康的客观要求

不健康的心理是导致各种疾病的重要原因之一,健康的心理对维持与增强人们身体健康的作用是药物所不能代替的。因此,要关心体育教师的身体健康,就必须重视其心理健康。

二、体育教师心理健康是学生学习与成长的具体需要

体育教师的心理健康水平高,就可能具备正确的心理健康观,就能认识到心理健康在学生成长中的重要性,从而将学生的心理健康需要看作体育教师职责的一部分,这样必将有利于学生心理健康的发展。

三、体育教师心理健康是社会发展与进步的重要体现

教师需要认识并敢于面对因角色变化给自己带来的压力,重新了解自己,接受自己,有效缓解压力,减轻紧张心理。充分认识到心理健康在保证自己与学生之间、自己与同行之间恰当关系方面的重要性。如何适应与化解社会冲突,以一种积极的心理状态迎接挑战,将是每位教师所不得不面对的共同课题。

【实践案例】

成为健康的引路人

王某是某市初中二年级的一名体育教师,刚刚大学毕业的他经过招聘,走向了工作岗位。由于其不适应工作环境,时常感到疲惫不堪,情绪低落,不能及时转换自己的角色,也未能融入"体育组"这个大家庭中去。经过一段时间以后,他发现同是刚毕业的李某却比自己在完成工作时轻松多了。于是他向李某请教,李某说:"我之所以感觉比你轻松多了,原因在于,我让自己主动适应环境,而不是等待环境去适应自己。在适应这个新环境的时候要主动与同事们、学生们沟通。同时,关注学生的学习生活状态,要让我们成为他们健康的引路人,让身边更多的人感受我们的正能量,并且'感化'身边的不积极,存在负能量的人。"

为了提高自身的心理健康水平,体育教师应该:

(1)关注自我的心理健康水平,多运动,增强体质,免于疾病。

(2)处理好自己的人际关系,积极融入同事、学生的生活学习中去。

(3)阅读有关教师心理健康的书籍,提高自我健康水平,帮助学生树立正确的人生观、价值观、世界观。

认识体育教师的工作角色及其心理需求

单元二

第一步　认识体育教师的工作角色

人们对体育教师社会角色定位和要求的变化与提高,无疑对体育教师的专业知识、职业素养和心理承受能力提出了更高的要求。在学校里,领导和学生可能认为,体育教师应该是整个学校体育教学工作的直接参与者、组织者和管理者,体育活动的指挥者和业余训练的指导者;体育教师会认为自己是学校体育工作的具体执行者,体育教学、课外体育活动和业余训练与竞赛的组织者和实施者。而从终身体育和素质教育的角度出发,体育教师应该是学生学习和发展的启蒙人、宣传员、新型组织管理者和改革家,是指导学生成长的民主宽容的长者、行为规范的示范者、心理调节者和体育知识与技术的传授者。

第二步　认识体育教师的心理需求

有研究者根据美国心理学家马斯洛的需求层次理论,对体育教师做了一次"第一需求"的调查,结果有75%的体育教师把"自我实现"作为自己的第一需求,有20%的体育教师把"受到尊重"作为自己的第一需求,有5%的体育教师把"安全"作为第一需求。该研究说明,绝大多数体育教师的第一需求是心理需求,心理需求是直接影响体育教师工作积极性的主要因素,只有不断地满足体育教师高级的心理需求才能产生积极持久的工作动力。同时这一结果反映了体育教师都希望能够充分发挥个体各种潜能,说明他们都有一种追求事业成功、实现理想和人生价值的迫切愿望。

第一步　了解体育教师的心理健康现状

一、体育教师心理健康现状

（一）高校体育教师的心理健康现状

高校体育教师的精神压力主要来自经济收入、职称晋升和子女教育等方面。如高校体育教师所在单位工作要求高、竞争激烈、工作压力大则心理健康水平较低。有一定比例的高校体育教师存在轻度或中度心理问题，但存在重度心理问题的教师极少。

（二）中小学体育教师的心理健康现状

中小学体育教师的精神压力主要来自经济收入、社会地位和教学压力等方面。中小学体育教师心理健康水平低于一般人群，这与中小学体育教师的社会地位较低、收入水平较低和工作任务较重等原因有关。而中小学体育教师心理是否健康对学生身心健康的影响很大，所以中小学体育教师的心理健康问题应该引起全社会的广泛关注。

总之，关于体育教师心理健康现状的研究还不太成熟，有待进一步研究。但是有一点可以肯定，有一定比例的体育教师存在不同程度的心理问题，他们必将对学生的身心健康产生负面影响。所以，体育教师的心理健康问题应该引起全社会的重视，我们应该积极采取各种有效措施来提高体育教师的心理健康水平。

【知识拓展】

教师的心理健康对学生的影响

教师的心理健康直接影响着学生的心理健康。心理健康的教师能很好地设计促进学生身心健康发展的良好心理环境。有研究表明，心理健康水平高的班主任，他们的学生心理健康水平也高，反之亦然。

教师的心理状况会影响教师对学生的态度和评价。心理学中有个著名的"罗森塔尔"效应，讲的是教师期望对学生的影响。试验者从几个班中随机抽取一些学生，然后告诉他们的老师，这些学生有特殊的潜能,将来会有很大的成就。一年之后,试验者发现每个学生都比他们原有的水平有了显著进步。试验者将试验的真相及试验的结果告诉了老师,老师们也相当吃惊。事实上,教师的知识水平并没有大的变化,仅仅是对学生的态度发生了改变而已。

教师的心理健康直接影响学生学习知识。教师的情绪会影响学生,心境不好的教师很难营造愉快、轻松的课堂教学环境。相反,教师积极的情感、健康的心理会诱发学生的积极情感,促进学生健康心理的形成,对建立良好的师生关系,营造轻松、愉快的课堂气氛,以及学生接受与理解知识均有直接影响。

教师的心理健康直接影响师生关系的和谐。教师心理不健康,就难以正确理解学生的心理与行为,会采取不合常理的态度、方法来对待学生,会使师生间产生矛盾与冲突。著名心理学家艾里克森曾指出,不良的师生关系会导致学生的心理疾病,好的师生关系可以治病。教师和学生对立的状态极不利于学生学习,是否产生对立的师生关系及对立关系能否妥善解决,最终决定于教师的心理状况。

教师的心理健康直接影响学生个性的发展。在学生的成长过程中,教师是重要的人,是参照物,是榜样。教师若惩罚、报复学生,学生会形成敌视和对抗的习惯,形成心理障碍。教师处事不公、乱用权力,会影响学生对整个社会的看法。

教师的心理健康直接影响学生健全人格的形成。心理健康的教师能时时处处使学生感到亲切、温暖,感到一种无形的吸引力,这对培养学生的优良心理品质、健全的人格起着重要作用。

改自:王斌.体育心理学[M].2 版.武汉:华中师范大学出版社,2015.

二、体育教师的亚健康心理

已有研究发现,部分体育教师在心理健康方面处于亚健康状态。主要表现在下述两个方面。

(一)竞争压力与心理忧虑

体育教师经常要思考教学、训练和管理上的多种计划,并负责组织实施,脑子里的"弦"往往绷得很紧。这种长期的紧张焦虑必然会对体育教师的心理健康产生影响。另外,也有不少体育教师对工作中的成败看得过重,一旦没有取得自己预想的成绩,就容易产生挫折和自责的心理,导致心理失衡、焦虑。

(二)职业压力与心理压抑

学校体育工作琐碎繁杂,使得体育教师的神经一直处于高度紧张状态,这种不良情绪的持续积累,将降低他们的心理健康水平。体育教师的社会地位比较低,劳动价值得不到相应的认可,这就会对他们造成精神上严重的打击、情感上的巨大压抑,这种压抑感如果长期得不到排解,积郁于内心,就可能造成心理抑郁倾向。

第二步　掌握体育教师心理健康的维护策略

要提高体育教师的心理健康水平,除了需要在宏观的社会体制上对他们的工作提供支持和保障外,还需要在学校和个人层面上采取多种措施减轻他们的心理压力,并提高他们应对压力的能力。

一、社会方面

在社会方面主要是通过各种政策的制定来提高体育教师的社会地位,形成重视体育教师的社会风气。如维护体育教师的合法权益,增加场馆器材投入,改善硬件环境,适当提高体育教师的工资收入;深化教育改革,减轻体育教师的工作量和心理负荷,同时在体育教师的培训和资格认定方面形成一整套的标准。

二、学校方面

学校层面的措施强调工作环境的结构性改变,如降低师生比,缩短工作时间,提高群体支持,给予体育教师更多的工作灵活度和自主权,提供更多职前和职中训练等。值得注意的是,要从根本上减少体育教师的心理压力源,必须调整学校系统运行过程中最本质的成分,即把体育教师的需要和学生的需要放到同等重要的位置上,形成两者的双主体地位。同时,学校的组织管理要做到使体育教师有获得社会支持的心理感受。

三、个人方面

以个人为切入点促进体育教师心理健康的主要措施是提高体育教师的压力应对技巧。综合国内外研究,较为常用的压力应对方法有放松训练、时间管理技巧、认知重建策略和反思等。

(1)运用放松训练法舒缓紧张神经、调节身心。

(2)掌握时间管理技巧使生活和工作更有效率,避免过度劳累。

(3)学会认知重建策略,制订现实可行的、具有灵活性的课堂目标。

(4)认真反思,调整自己的情绪和教学行为,促进心理健康。

心理健康(Mental Health)是一种健康或幸福状态,在这种状态下,个体可以实现自我、能够应对正常的生活压力、工作富有成效和成果,以及有能力对所在团体作出贡献。心理健康的标准是智力正常、适当的情绪控制能力、对自己能作出适当的评价和能保持良好的人际关系。

体育教师的心理健康对学生学习与成长、体育教师工作及促进社会发展与进步具有重要意义。而社会、学校和个人对体育教师的社会角色定位和要求不断变化和提高,使得体育教师的心理压力过大,心理处于亚健康状态,主要表现为竞争压力造成的心理忧虑和职业压力造成的心理压抑。社会、学校和个人都应该采取有效措施,对体育教师的心理健康进行维护。

思考题

1.体育教师心理健康的特点有哪些?如何对其心理健康进行维护?

2.结合实际谈一谈,在教学过程中体育教师的心理健康水平对学生会产生怎样的影响。

【推荐阅读】

王斌.体育心理学[M].武汉:华中师范大学出版社,2011.

本书对普通心理学中已经学习过的心理学一般概念、原理和理论,体育运动中的心理现象等进行了适当的精简与优化。对实用性不强的内容进行了精简,同时借鉴和吸收了中外教材的优点,充实了近年来国内外体育心理学的一些较新研究成果。强化教材内容的专业属性和应用性,把重点放在体育教学心理和体育学习心理两个方面。通过各章节的导入案例、理论拓展、实践应用、实用工具表格、关键概念、复习思考题、讨论分析等具体栏目,对学习者进行指导,有利于其掌握学习重点、拓展知识、理解关键点,掌握分析方法并提高可读性。本书是一本主要针对体育教育专业本科生体育心理学的教学用书,也适用于社会体育及其他体育专业本科体育心理学的教学,同时也可作为体育教师和其他体育工作者的参考用书。

任务十四
提高体育教师的胜任特征水平

【学习目标】

    1.学习体育教师胜任特征的内涵与特点。

    2.认识体育教师胜任特征研究的意义。

    3.理解胜任特征模型对体育教师教学实践的指导作用。

    4.掌握体育教师胜任特征的发展策略。

【关键词】

    胜任特征　体育教师胜任特征　情境学习法　案例分析法

【导入案例】

为师之道在于"胜任"

    武汉市某师范院校体育教育专业的学生李某,以优异的成绩通过各种考核,成为河南省郑州市某中学的体育教师。在试讲时,他的专业基础扎实、专业技术突出,综合表现很优秀。负责面试的老师说:"他对体育教学有很深入的理解,有自己的看法,很有潜力,是个好苗子。"在经过相关规定的岗前培训之后,李某开始正式承担起6个班的体育教学工作。然而,使他困惑的是,他辛辛苦苦找资料备课,每次课前都一个人在操场对教学内容进行反复演练,可是学生却不领情,吵吵闹闹地说老师课上得不好,课堂秩序一片混乱,每次课都不能按照教学进度完成教学内容,更糟糕的是,体育教研组组长甚至校长多次对他提出批评。不知所措的李某失去了做体育教师的信心,主动申请离开了教学岗位。

    改自:周静,周宇.教师专业技能——走向专家型教师之路[M].北京:高等教育出版社,2010.

    从以上案例可知,一个优秀的体育教师在投入全部的精力与专注的基础上,不仅需要扎实的专业知识,还需要娴熟的教育教学技能等教师胜任特征。

    那么,什么是体育教师胜任特征?如何在体育教学实践中提高体育教师的胜任特征水平等问题。本任务将围绕上述问题展开阐述。

掌握体育教师胜任特征的理论知识

第一步　学习体育教师胜任特征的内涵

体育教师胜任特征（Competency of Physical Education Teachers）是基于体育教学情境的，由个体的动机、特质、自我形象、态度或价值观、体育领域知识、认知或行为技能等所构成的，能判断体育教师能否胜任体育教学和教学研究工作，并且最终促成其产生优秀工作绩效的各种个体特征的集合。

【知识拓展】

胜任特征的内涵

胜任特征的概念最早是由麦克利兰（McClelland，1973）提出来的，他认为，胜任特征就是能区分在特定工作岗位和组织环境中绩效水平的个人特征，这些特征可以是个体的动机、特质、自我形象、态度或价值观、某领域知识、认知或行为技能等，它们既是判断一个人能否胜任某项工作的起点，也是决定并区别绩效差异的个人特征总和。在此基础上，仲理峰、时勘（2003）指出，胜任特征是能把某职位中表现优异者和表现平平者区别开来的个体潜在的、较为持久的行为特征，这些特征可以是认知的、意志的、态度的、情感的、动力的或倾向性的等。

斯宾塞（Spencer，1993）认为胜任特征分为基准性胜任特征与鉴别性胜任特征两类。基准性胜任特征是对岗位任职者的基本要求，如知识、技能等一些显性的特征，这些特征较容易通过培训、教育来改进；反之，很难通过短期培训改变或发展的动机、特质、技能、自我认知、态度和价值观等，被称为鉴别性胜任特征。由此斯宾塞提出了胜任特征的"冰山模型"，如图14-1所示。

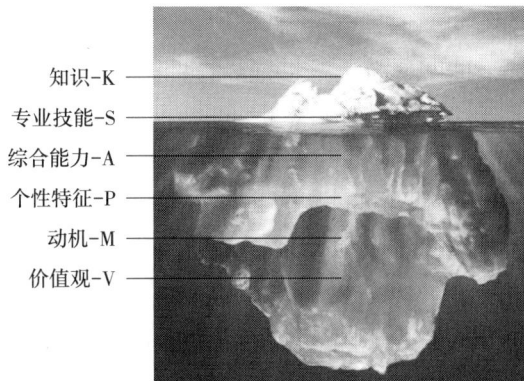

知识-K
专业技能-S
综合能力-A
个性特征-P
动机-M
价值观-V

图14-1　胜任特征的"冰山模型"

综上所述,胜任特征(Competency)是基于工作情景的,由个体的动机、特质、自我形象、态度或价值观、某领域知识、认知或行为技能等所构成的,能判断一个人能否胜任某项工作并最终促成其产生优秀工作绩效的各种个体特征的集合。

引自:王斌.体育心理学[M].武汉:华中师范大学出版社,2011.

体育教师胜任特征的主要内容见表14-1。

表14-1 体育教师胜任特征的主要内容

特征分类	主要内容
教学知能特征	包括教育艺术、专业知识、专业技能评价、教学策略、动作示范能力、场馆教学管理和讲解技能等体育教师在工作中所需要的知识、技能和经验层面的特征
职业素养特征	包括尊重学生、爱岗敬业、奉献精神、专注性和淡泊名利等体现体育教师修养和价值观方面的特征
专业发展特征	包括学习意识、专业灵敏度、专业研究能力、创新和团队协作等决定体育教师发展前景和创造潜力方面的特征
个人效能特征	包括工作态度、绩效导向、体育教师个人工作绩效等方面的特征
社会适应特征	包括角色调适、沟通协调、创造良好工作环境和与他人和谐相处方面的特征
学生观念特征	包括关爱学生、引导与监督和经验开放性等体现体育教师满足学生需要和意愿方面的特征

第二步 理解体育教师胜任特征的特点

体育教师胜任特征的特点如下所述。

(一)动态性

体育教师胜任特征的动态性是指不同发展阶段的组织对于同一岗位的胜任特征要求是不一样的。一名排球专项体育教师进入一所新的学校执教可能要担任网球教师的职位,这就说明体育教师在不同的学校或者同一个学校的不同发展阶段所需要的胜任工作的能力也不同。

(二)情境性

体育教师胜任特征的情境性是指不同组织对于同一岗位的胜任特征要求不同,同一组织对不同岗位的胜任特征要求不同。武术教师教给男生的是三路长拳,而交给女生的则是一路长拳,有时体育教师在体育教学过程视其具体的教学场地和教学对象来确定教学内容。

(三)综合性

体育教师胜任特征的综合性是指胜任特征既包括知识、技能等显性特征,又包括态度、价值观和动机等隐性特征。体育教师在具体的工作实践中除具备扎实的专业知识和专项技能之外,还应具备乐于奉献、敬业爱岗和以学生为本的教学理念,并持有为学生学习和学校发展而继续学习的动机等。

(四)绩效预测性

体育教师胜任特征的绩效预测性是指胜任特征与组织成员的工作绩效有着密切的因果关系,可以识别具有高绩效潜能的个体,故也能用来预测组织成员未来的工作业绩。一名能力强的体育教师更易得到学生的喜爱和敬重,进而促使学生努力学习专项技能,学生对所学技能的兴趣则可以预测教师教学成绩的高低。

(五)可测评性

体育教师胜任特征的可测评性就是在对胜任特征进行考查时,可以通过一定的工具和方式对其进行测量和评价。

第三步 认识体育教师胜任特征的研究意义

(1)为体育学专业学生的培养提供建议。

(2)为体育教师的入职招聘提供帮助。

(3)为体育教师的在职培训提供指导。

(4)为体育教师的绩效管理提供依据。

(5)为体育教师的薪酬设计提供标准。

(6)为体育教师的职业发展指明方向。

[知识拓展]

教师个人发展规划的具体内容

教师个人发展规划的具体内容包括:

(1)个人的基本情况(包括年龄、性别、职称、教龄、学科、特长和爱好等);

(2)个人重要的教育教学研究活动以及发表的重要著作与学术论文等;

(3)个人专业水平以及教育教学水平的自我评价(包括个人的强项与弱项分析);

(4)个人发展目标;

(5)达到目标的时限和步骤;

(6)达到目标需采取的措施以及希望学校给予创造的条件;

(7)学校有关部门及学校领导进行诊断后的具体意见。

引自:周广强.教师专业能力培养与训练[M].北京:首都师范大学出版社,2010.

基于体育教师胜任特征的学习体育教学实践要求

第一步　认识体育教师在教学实践中的总体要求

体育教师胜任特征模型要求体育教师既能从宏观上把握学科知识的体系,又能熟悉学科知识的各个部分及体系,精通学科知识的细节,指导和带领学生学习,并按照培养要求完成教学任务,实现教学目标。从总体上讲,应该体现在教学技能娴熟、教育能力出色和教学研究出众三个方面。

一、教学技能娴熟

教学技能娴熟要求体育教师精通教学规律,能够调动学生自主学习的积极性,知道用什么样的方式教学才能使学生有效学习并能取得出色的教学效果。

二、教育能力出色

在注重技能教学的体育课堂上,体育教师要善于因势利导,能深入地洞察学生的心理,结合每个学生的实际,采用启发、自我教育等方式进行有针对性的教学,从而更好地实现体育课的教育功能。

三、教学研究出众

体育教师要善于发现问题,具备与专业发展和教学需要相适应的科研能力。要善于反省自己观察到的教学事件,并在对这些事件的诊断和评价中找到自己的差距,努力探索其中的原因,寻求解决问题的方法,积极进行研究探索和实践。

【知识拓展】

专家型教师的特质

菲利普·E.罗斯说过,没有天生的大师,只有练就的专家。专家型教师向我们展示了他们所具有的特质,即:

1.热情与专注

与一般的教师不同的是,专家型教师没有把教师看成一个普通的职业和谋生的手段,而是当作自己一辈子喜爱和追求的事业。

2.掌握基本教学技能

专家型教师比一般教师肯于在掌握教学基本技能方面下功夫,并且能长期坚持下来。

3.掌握教育规律

掌握教育规律能帮助体育教师最大限度地激发学生的潜能,让学生自主学习,矫正学生的不良行为,形成良好的习惯,让学生拥有良好的品格。

4.请教专家型教师

专家型教师善于向有经验和专长的同行请教,他们相信:"才能不是天生的,要不断地进行钻研和请教良师。"

5.模仿之中有创造

专家型教师能从别人的教学实践中发现自己的不足,并结合学科特征和学生特点进行模仿,而非亦步亦趋地去效仿某个人。

6.勤于教学反思

专家型教师最突出的思维特点就是长于反思,通过对自己教学行为的回顾、分析,判断自己的行为正确与否,以及如何进一步完善。

改自:马艳华.专家型教师的内涵及其进阶路径[J].中国教育,2008(12).

第二步　学习体育教师在实践中的具体要求

体育教师是体育教学与训练工作的直接组织者和管理者,在教学训练中处于主导地位。具体而言,在教学过程中,体育教师应具备的胜任特征包括:教学目标设计能力、课堂教学导入能力、教学中的讲解能力、教学中的示范能力和教学中的管理能力。

一、教学目标设计能力

教学目标设计能力是指为了实现对学生的培养目标,体育教师所设定的符合学生实际情况、明确具体、易于观察和测量学生行为和心理变化的能力。教学目标设计能力要求体育教师处理好三方面的关系,即教学目标的内隐性和外显性、教学目标的收敛性和开放性、教学目标的预期性和非预期性。

二、课堂教学导入能力

课堂教学导入能力(俗称开场白)是指体育教师在新的教学活动开始前,运用简短的语言引起学生注意,激发学生学习与训练兴趣,唤起学生学习与训练动机,明确学生学习与训练目的,建立知识技能间联系,使学生快速进入学习与训练状态的教学能力。

三、教学中的讲解能力

教学中的讲解能力是指体育教师通过语言表达,对事实、技术动作和身体锻炼方式等进行描述、解释、分析、概括的教学能力。讲解能力是体育教学中运用的一种最主要、最普通的教学方式，是充分发挥体育教师主导作用的重要途径。

四、教学中的示范能力

教学中的示范能力是体育教师在教学过程中，运用正确的动作示范，引导学生仔细观察动作姿势、动作过程，以便学生更好地模仿、学习和掌握的教学行为。在教学中，体育教师准确、优美、协调而又有节奏的示范动作能给学生留下深刻而美好的印象，具有强烈的感染力，能有效提高教学效果。

五、教学中的管理能力

教学中的管理能力是指体育教师在遵循体育教学规律和教学原则的基础上，有意识、有目标、有依据地对教学过程的安排、选择，以及一系列精选的、最适合于具体教学环境的教学能力。体育教师教学中的管理能力主要体现在对体育教学中的教、学、练的各个环节进行科学调控，防止教学中发生失控现象。

【知识拓展】

学生需求对中小学体育教师的胜任特征构成了新的挑战

满足学生的学习与成长方面需求是实施中小学教育的根本目的，这就要求中小学体育教师要全面贯彻"以生为本"的教育教学理念。与其他学科的中小学教师相比，体育教师虽然在教学上面临的学生升学压力较小，但实现中小学体育教学目的在学生学习和成长中的地位却是其他学科教学所不能替代的。

首先，学生的健康需求有待于体育教师在教学中给予满足，而健康需求的满足则体现在培养学生运动参与、运动技能、健身知识和健康理念等各个方面。

其次，学生的发展需求同样需要中小学体育教师在工作中给予支持，中小学体育教师在一定程度上担负着发现和培养、为国家输送体育人才的重任，一些具有某项或多项体育特长的学生通过体育教师的指导和训练，可以获得更好的发展机会。

最后，学生的心理问题同样需要中小学体育教师在教育教学过程中给予关注，通过参与体育运动，对塑造学生健康的人格和提高学生意志品质等方面有着重要意义，这对学生正确的价值观、人生观和世界观的形成具有重要作用。这决定了中小学体育教师在掌握专业知识和教育教学技能的同时，亟待对影响中小学体育教师工作的动机和态度、良好的职业价值观和认知等深层次的胜任特征进行探讨。

改自：李欣. 中小学体育教师胜任特征模型的构建与检验 [D]. 武汉：华中师范大学，2012.

掌握体育教师胜任特征的发展策略

第一步 学习体育教师胜任特征的影响因素

一、个体因素

大量的研究表明,体育教师个体因素对胜任特征模型应用于体育教学实践有着重要的影响。个体因素主要包括个性特征和人口统计学特征。

(一)个性特征

个性特征中的控制源、自我监控、自我效能以及成就需要等是影响胜任特征产生良好工作绩效的重要因素。

(二)人口统计学特征

有关研究表明,在胜任特征相似的情况下(从性别来说),女性员工更能得到领导的认同,获得良好的绩效,但在学校还没有得到研究者的验证。另外,年龄、民族和社会经济背景也是影响胜任特征与工作绩效关系的因素。

二、情境因素

影响体育教师胜任特征与其工作绩效关系的情境因素主要包括个人发展因素和组织系统因素。

(一)个人发展因素

个人发展因素主要包括个人发展氛围和信息共享机制。个人发展氛围是学校支持教师发展的程度;学校建立良好的信息共享机制,可以降低教师信息获得成本,有助于促使教师胜任特征形成工作绩效。

(二)组织系统因素

研究表明,制订合理的、可操作性的教师绩效目标,营造公平、尊重、互助及和谐的组织文化和管理者任人唯贤,科学管理可以提高教师的工作绩效(Katrien,2010)。

三、关系因素

影响体育教师胜任特征与其工作绩效关系的关系因素主要包括人际吸引、关系满意度。

(一)人际吸引

研究表明,态度上的相似性容易导致人际吸引,人际吸引在课堂导入、教学展开及教学评价等多个环节都具有重要的作用(Teresa,2010)。

(二)关系满意度

如果在体育教学活动中,教师和学生的投入被对方认为是有价值的,那么这次教学就有意义,能有效提高师生之间的评价水平,进而提高关系满意度。

四、心理状态

心理状态对体育教师胜任特征与其工作绩效关系的影响主要表现在教师与学生参与教学的愿望及彼此对教学效果的期望水平。

(一)参与愿望

体育教学需要教师和学生都具有强烈的参与愿望,即"老师愿意教,学生愿意学"。研究发现,性别、年龄和气质因素是影响学生接受教师教学行为的因素,也是影响教师教学行为的因素(Anderson,1998)。

(二)期望水平

从体育教师角度来讲,期望水平越高其工作动力就越大,这种情况下如果教学效用不明显,那么教师的工作绩效将因其工作积极性受挫而产生波动。从学生的角度来讲,如果不能从教师那里学到自己想要的知识或技术,那么其学习兴趣和学习积极性将会降低。

第二步　认识体育教师胜任特征的发展原则

一、可塑性原则

可塑性原则就是在发展体育教师胜任特征的过程中,应优先选择那些可塑性较高的教师胜任特征作为培养内容,借以达到提高体育教师胜任特征水平的培养目标。

二、针对性原则

针对性原则就是在发展体育教师胜任特征的过程中,选取的培训内容和拟培训的对象要有针对性。

三、有效性原则

有效性原则是指为发展体育教师胜任特征所指定的管理制度健全,措施完善合理,并且在实际过程中得到了很好的执行,从而能充分实现提升胜任特征的目的。

四、实用性原则

实用性原则就是体育教师经过学校或教育部门组织的胜任特征发展实践(培训、学习等)后,其胜任特征得到提升,工作能力得到增强,工作绩效明显提高。

【实践案例】

学校体育"园丁工程"的中小学体育骨干教师培训

培训背景:教育部制订、国务院批准的《面向21世纪教育振兴行动计划》明确提出了要实施"跨世纪园丁工程",大力提高教师队伍的建设质量。按照要求,1999年、2000年教育部体卫艺司誊施了中小学体育骨干教师培训计划。在北京师范大学、华东师范大学和福建师范大学进行了为期3个月的国家级脱产培训,共培训全国中小学体育骨干教师600人。

培训目的:通过培训,使学员树立现代教育的观念,培养良好的师德,拓宽知识面,熟悉国内外体育发展的趋势,初步掌握现代教育技术,提高教育教学水平,并具有较强的教育、教学研究能力,成为能主动适应素质教育需要的合格的体育教师。之后,在全国各省、自治区、直辖市开展二级培训。"园丁工程"计划的实施对转变体育教师观念,促进中小学体育改革与发展产生了深远的影响。

培训内容与课程:培训的课程分为核心课程、特色课程和科研论文三种类型,其中核心课程包括现代教育论师德教育(20课时)、学校体育的改革与发展(50课时)、心理学理论在体育中的应用(24课时)、体育锻炼与健康(30课时)、现代教育技术(60课时)、学校体育科学研究方法(40课时);特色课程(56课时)由各培训点自行安排;要求每位学员完成一篇高质量的论文,并进行答辩。

引自:陈雁飞.新中国体育教师队伍建设与发展之路[M].北京:北京体育大学出版社,2009.

第三步　学习发展体育教师胜任特征的方法

一、情境学习法

情境学习法(Situational Learning Method)是指在要学习的知识、技能的应用情境中进行学习的方式。也就是说,学习者要学习的东西将实际应用在什么情境中,那么你就在什么样的情境中学习这些东西。教师通过情境法来发展自己的胜任特征时,须遵循两条学习原理:第一,在知识实际应用的真实情境中呈现知识,把学与用结合起来;第二,通过社会性互动和协作来进行学习。

一堂有趣的英语课

大量的生词,以及伴随而来的用法、句型、习语,短短45分钟,怎样才能让学生掌握得最好?杭州外国语学校的陆老师说,用"情境教学"法。学生也可以尝试着"情境学习"法,多给自己创设一些场景,把周围环境里的元素,或者想象的元素都有机整合起来,加深巩固记忆,积累学习能力。

在一节内容为 *How do you make a banana milk shake?*(《怎样做香蕉奶昔?》)的英语课程中,她先摆出一台搅拌机,打开电钮,搅拌机嗡嗡抖起来,关上。搅拌机是 blender,打开 / 关上(开关)是 turn on/off。再倒一点水在搅拌机里,这个过程就是 put some water into the blender。 几个简单动作中,有三个词和词组用法。陆老师手执一把锋利的小刀,学生脱口而出,"Knife!""What is the knife for?"(刀用来做什么呢?)"Cut!"(切割)陆老师拿起一只香蕉,用刀切起来,顺藤摸瓜给出短语 cut something up 的用法。剥香蕉皮的环节,还教给学生一个新词——peel(动词,剥的意思)。那么往杯子里倒水,该怎么说?有比 put something into the glass 还有更好的说法吗? 有,是——pour。这个词的意思是倾、倒,最符合倒水中"倒"字的英语本意。杯子里放点糖,用汤匙搅拌一下。"搅拌"又该怎么讲?学生想不出来,陆老师边搅拌边说出 stir。这样学生在陆老师的演示过程中不仅学会了奶昔的制作过程即:peel the banana—cut them up—put the banana into the blender—pour some milk and ice cream into the blender—turn on/off the blender—pour and drink。(剥香蕉,切好,放进搅拌机里,倒入牛奶和冰激凌,打开搅拌机,关闭,倒出来喝),还轻松愉快地学会了单词和词组用法。

二、案例分析法

案例分析法(Case Analysis Method)是指把实际工作中出现的问题作为案例,交给受训学员研究分析,借以培养学员们的分析能力、判断能力、解决问题及执行业务能力的一种培训方法。

体育教师通过对教学案例进行分析学习,可以在汲取成功经验的基础上总结不足,充分利用教学实践探讨教学规律,对提高自身胜任特征具有重要的积极作用。

体育教师在利用案例分析法来提升胜任特征时应注意以下几点。

①要选取有代表性的教学案例,对教学案例的全部背景及内容要有全面的了解。

②要召集同学科的教师一起参加。

③要根据对案例存在问题的症结进行归纳并梳理,根据重要性讨论整理出适当的对策。

④在讨论解决问题的策略时,参与者需要阐明与自己观点的差异所在,以相互激发灵感,然后再作进一步的讨论。

⑤要对提出对策的优缺点进行点评、记录。

【实践案例】

案例分析法的一次成功应用

某个高级中学就如何提高学生的学习成绩,提高教学质量展开了讨论,各教学组组长发表了自己的意见。数学组组长王老师说:"去年我们各组组长作为教师代表去郸城一高参观学习,回来后我想了一下,我认为要想提高学生的学习成绩,就应该学习郸城一高的课程设置延长学生的有效学习时间,使学生们有足够的时间消化课堂上所学到的知识。"化学组组长张老师说:"郸城一高的高考备考策略很实用,他们周二晚上考数学,周四晚上考文/理综,周六、周日全校统考,每月月底和别的学校联考;每场考试都严格要求学生在规定时间内作答。最后要求各科老师必须对考试试卷进行讲解。"英语组组长林老师说:"他们对教辅材料的运用也很值得推崇,他们都是各科老师根据实际教学情况针对学生的薄弱点设置考题,这样针对性很强,学生成绩提高很快。"

最后学校主抓教学的教务处处长孙老师说郸城一高的教学和管理方法的确有很多值得我们学习的地方,结合我校的实际情况我认为我们应从以下几点向郸城一高学习:

(1)学习他们的课表设置并结合自己学校的实际情况来合理完善自己的课表设置使其更加符合高考应试实际。提高学生的有效学习时间使其能够很好地对所学知识进行消化吸收,提高课堂和自习课的效率。

(2)学习他们的高考备考,练规范,练速度,练全国卷,他们敢于跟差不多的学校联考评比,细分析、比不足、比自信、找激励。

(3)学习他们对教辅资料的运用,他们不订校外的资料,大都用自己编写的资料,比如一轮复习资料等,这样有针对性,校外的资料不一定符合本校学生的实际情况,这一点尤其值得各校学习,一定要潜心研究,摸索出一套适合自己学生的教辅资料。

这三点可能是我们目前最需要学习改变的地方,且对提高学生成绩见效最快的地方,由于我们自身的情况我们要循序渐进地改变自己已有的教学模式。几个月后这个学校的学生在同别的学校联考时取得了较之以往很大的进步,特别是在数学和文理综方面。

第四步　掌握发展体育教师胜任特征的途径

一、借鉴中感悟

借鉴他人经验是体育教师提高教学胜任特征的重要途径。借鉴不是临摹、照抄,而是从他人的经验中悟出教学的真谛,并把这种感悟应用到教学实践中。

二、实践中探索

探索是"自我发现"。实践出真知,实践出智慧。体育教师要想提高自己的胜任特征就应当勇于在实践中探索,敢于做第一个吃螃蟹的人。

三、学习中完善

学习包括实践经验学习和理论学习。体育教师普遍认为学习理论知识太难,而偏向于实践经验的学习。而我们的学习目的是通过学习"知其然"并达到"知其所以然"。

四、反思中升华

反思可以帮助体育教师分析胜任特征形成过程中的障碍,通过排除而"开源";分析渠道梗阻的原因,通过打通而"助流"。可以帮助体育教师分析自身单项能力,实行"扬长补短"的策略。可以帮助体育教师分析自身单项能力在教学中的效用,实行"高低兼顾"的策略。

任务小结 —— 体育教师胜任特征(Competency of Physical Education Teacher)是基于体育教学情境的,由个体的动机、特质、自我形象、态度或价值观、体育领域知识、认知或行为技能等所构成的,能判断体育教师能否胜任体育教学和教学研究工作,并且最终促成其产生优秀工作绩效的各种个体特征的集合。

体育教学的特点决定了体育教师胜任特征包括教学知能特征、职业素养特征、专业发展特征、个人效能特征、社会适应特征和学生观念特征的内容,以及动态性、情境性、综合性、绩效预测性和可测评性的特点。

发展体育教师胜任特征的原则包括可塑性原则、针对性原则、有效性原则和实用性原则。发展体育教师胜任特征的方法包括:情境学习法和案例分析法。发展体育教师胜任特征的途径包括:借鉴中感悟、实践中探索、学习中完善和反思中升华。

思考题 —— 1.影响体育教师胜任特征发展的主客观因素有哪些?
2.如何在教学实践中提高体育教师的胜任特征水平?

【推荐阅读】

[1] 王斌.体育心理[M].2版.武汉:华中师范大学出版社,2015.

本书侧重于体育教育心理学领域,系统介绍了体育心理学的基本理论与专业知识,强化教材内容的专业属性与应用性,以体育教学心理和体育学习心理两个方面为主线,以体育教学中面临的典型心理学问题为先导,结合学科发展、教学需要和学生实际需求对教材内容和章节结构等进行了调整和完善,教材内容既与时俱进,又能反映学科发展和应用现状,在含教学大纲要求的知识点的同时,充分考虑了国内体育专业本、专科学生学习的实际需求和接受能力,具有知识性、实用性和可读性等特点。

[2] 王斌,马红宇.体育组织行为学——体育组织高绩效管理的理论与技术 [M].武汉:华中师范大学出版社,2010.

本书是国内第一本关于体育组织行为学(亦称体育管理心理学)的教材。该书共分 16 章,从个体、群体和组织三个层面探讨了包括组织行为学中的动机、胜任特征、态度、人格、工作压力、沟通、领导、群体凝聚力、团队、冲突管理、组织公平、组织文化及组织变革与发展等主题,涵盖了该学科的主要内容。全书不仅紧密结合体育实践对各主题的基本概念和理论进行了阐述,而且还提供了国内外的最新研究成果和应用案例,有助于读者掌握组织行为学的基本理论、方法和技术,并且通过实践应用分析和解决体育组织管理中的相关问题。

任务十五
学会使用心理学知识来减少运动损伤

【学习目标】

1.认识运动损伤的心理致因。

2.学习运动损伤的心理反应、运动损伤模型。

3.掌握使用心理学知识减少运动损伤的方法。

【关键词】

运动损伤的交互理论模型　应激　心理准备　动机　运动表象　积极思维

【导入案例】

战胜伤病，实现梦想

2008年8月11日，是举重选手张湘祥的荣耀时刻。"万岁！"当张湘祥在奥运会男子62公斤级举重比赛中夺冠后，直播这场比赛的英国广播公司（BBC）评论员忍不住大喊。当国歌演奏完毕，张湘祥走下领奖台，双腿跪倒在举重台上，深情地向四个方向磕头感谢。

荣耀背后，这一路走来太艰辛。张湘祥算得上少年得志。2000年，年仅17岁的他就获得了悉尼奥运会的铜牌。2001年，他轻松摘下了九运会男子举重的金牌。但2003年，由于医生的疏忽，针剂打进了因训练受伤的张湘祥的腰椎。他休克了3天，与死神擦肩而过。

因为伤病，张湘祥的成绩一落千丈，也因为伤病，他被挡在雅典奥运会的大门外。近3年的养伤时间，没有鲜花，没有掌声，张湘祥渐渐淡出了人们的视线。在北体大教练的带领下独自进行恢复性训练。2008年，张湘祥终于站在奥运会的赛场上，宣告自己仍是生活的强者。

从上述案例可知，运动损伤将给运动员带来许多不良影响和后果，短期不良结果如损失训练时间、失去比赛机会等；长期影响如希望的破灭、孤单感、运动能力的下降、医疗结果的不确定性以及经济责任等方面表现出一系列的担忧。那么，运动损伤的心理致因是什么？心理反应有哪些？如何使用心理学知识减少运动损伤？本章将围绕这些问题展开阐述。

第一步　了解运动损伤的心理致因

一、训练或比赛时情绪低落

在训练或比赛过程中,低落情绪会造成运动员注意力分散、反应灵敏性下降、距离感消失、技战术思维意识贫乏、攻防动作混乱等现象,因此会导致动作变形以至于引起运动损伤的发生。因此,运动员在训练或比赛过程中,教练员要随时关注运动员的生理和心理动态,经常和运动员进行思想上的沟通,多了解运动员的内心世界,提高运动员的心理适应能力。运动员自己也要适时调整自己的心理状态,平时多听音乐,陶冶自己的情操,学会把自己的低落情绪调整到积极状态中。

二、注意力不集中

各个项目的技术动作比较复杂,需要运动员的高度集中,如果心不在焉,则会影响动作质量的完成情况,动作质量完成得不好便有可能出现运动损伤。因此,在平时的训练或比赛过程中,运动员要加强注意力的培养,加强自己的抗干扰能力,养成集中注意力的习惯,有意识克服自己的情绪激动,提高自己情绪的兴奋水平,把自己的心态调整到最佳水平,尽量减少运动损伤的发生。

三、训练或比赛时兴奋度过高

过度兴奋会导致运动员或教练员判断失误,完成动作质量受到影响,从而引起运动损伤。因此,在训练或比赛过程中,教练员要随时关注运动员的心理动态,多与其沟通交流,及时给予运动员心理调整,正确判断其心理世界,调整训练计划,减少运动损伤的发生;运动员自己在训练或比赛过程中也要调整自己的心态,使自己的兴奋性保持在最佳状态,既不感到兴奋难以压制,又不感到情绪低落,从而高质量地完成动作技术,减少运动损伤的发生。

四、自我保护意识差

自我保护意识是指在训练或比赛过程中,当突发状况或运动损伤来临时,运动员在思想和行为上的提前准备,是运动员综合素质的一种体现。当危险来临时,如果运动员作好了相关准备,就会减少损伤的发生,否则相反。因此,在训练或比赛过程中,教练员一定要根据项目的不同,认真研究各项目的技术特点,使运动员了解人体的生理结构,使他们能够根据每次训练课的特点和内容了解容易出现的损伤,提前作好预防准备,提高自我保护意识,当突发状况出现时能减少运动损伤的发生。

五、应激

在应激状态下,人的感情易冲动,自我控制能力差,容易发生运动损伤。例如生活中的某些应激事件,婚姻和恋爱的障碍,亲朋好友的病亡,与教练员及同事的人际关系矛盾等,都可影响到运动员的情绪状态,使他们处于痛苦、紧张、不安等消极情绪中,情绪的强烈变化,会直接使神经系统,特别是大脑的功能处于紊乱的状态,进而出现睡眠状况紊乱,造成运动员心理能量的大量消耗,出现体力不支,精神疲乏,注意不协调等现象。

六、人格

对于人格与运动损伤之间的研究起源于 20 世纪 60 年代,早年这方面的研究工作大多是描述性的,实验性研究很少,比较客观的研究是学者们采用人格测试工具(如卡特尔 16 人格因素量表)来调查人格与运动损伤的关系。研究发现,意志脆弱、敏感的运动员比信赖自己的运动员易受伤。

七、动机

20 世纪 80 年代末以来,人们又开始将注意力从研究人格与运动损伤的关系转移到研究动机与运动损伤的关系上来。麦克莱(Meclay, et al,1989)等人发现,遭受严重运动损伤的运动员动机水平很高,女运动员尤为如此。麦切伦(Me-helen,1992)指出,高动机水平的运动员更可能受伤。因为高动机水平与个人对自己的严要求、高标准、与个人的高抱负水平有关。许多运动员为了满足自己的成功愿望,或实现亲友、领导、教练等人的期望,获得别人的尊敬和崇拜,往往学会了在训练和比赛中忍受各种类型和程度的痛苦。这不仅导致运动损伤的产生,有的因此而过早地结束了自己的运动生涯。

八、心理准备

竞技运动不仅要求有充分的身体活动准备,而且要有充足的心理准备。如果能主动地使自己的心理和生理状态处于适宜的兴奋水平,就有利于发挥自己的最佳运动效能,也会最大可能减少运动损伤。而一旦缺少必要的心理准备,在训练和比赛中就会犹豫不决、过度紧张、担心、怀疑、焦虑,使体内的身心能量不能充分得到动员,但又受完成任务和自尊心所驱使,不顾实际情况去强行训练和比赛。有调查显示,对于缺乏心理准备的运动员而言,受伤率要高出心理准备充分的运动员若干倍。

第二步　了解运动损伤的理论模型

一、Williams 和 Adersen 的应激 — 运动损伤模型

Williams 和 Adersen (1998)在总结和归纳最新研究的基础上,提出了一个建立在应激理论

基础上,旨在解释心理因素之间相互作用影响运动损伤的应激—运动损伤模型(图 15-1)。根据这个关系模型,运动员对潜在应激运动环境反应决定运动损伤是否发生;而且,运动员的"应激反应"可直接或间接地受一系列心理因素调节,影响应激反应的心理因素包括人格、应激源史和应对资源,并且"应激反应"也能被心理干预手段影响。

应激反应代表着运动员处理环境需求的能力,是资源与环境的实际要求之间的一种不平衡现象。应激反应会导致运动员选择性的心理状态和注意力的变化。这些变化包括不断加剧的肌肉紧张、视力范围减弱和注意力分散等。每一种变化都有可能增加运动员受伤的风险。除了环境要求和应对资源的不平衡外,想象中的运动情景也可能引发应激反应。从本质上说,任何导致应激反应的认知评估都会使运动员面临受伤的危险。影响压力反应的因素包括运动员的人格、紧张刺激史、应对策略资源和潜在干预等。

在图 15-1 显示的模式中,应激反应是关键因素。心理压力是否会导致运动员受伤,取决于运动员处理自己面临危险局面的能力与环境要求及产生的后果之间的平衡关系。如果环境导致一种想象中的失衡(威胁),运动员的肌肉将会紧张,注意力也变得不正常的狭窄。正是这种狭窄的注意力、注意力的分散和肌肉的紧张导致运动员极为脆弱,极易在运动中损伤。这个模式还预测,专注任务能力越强的选手就越不容易在比赛季遭受剧烈和慢性运动损伤。同时,应激 - 运动损伤理论模型,还认识到影响运动损伤各心理因素之间的相互作用,各个影响因素在单独影响运动损伤的过程中,它们两两之间也发生相互作用。

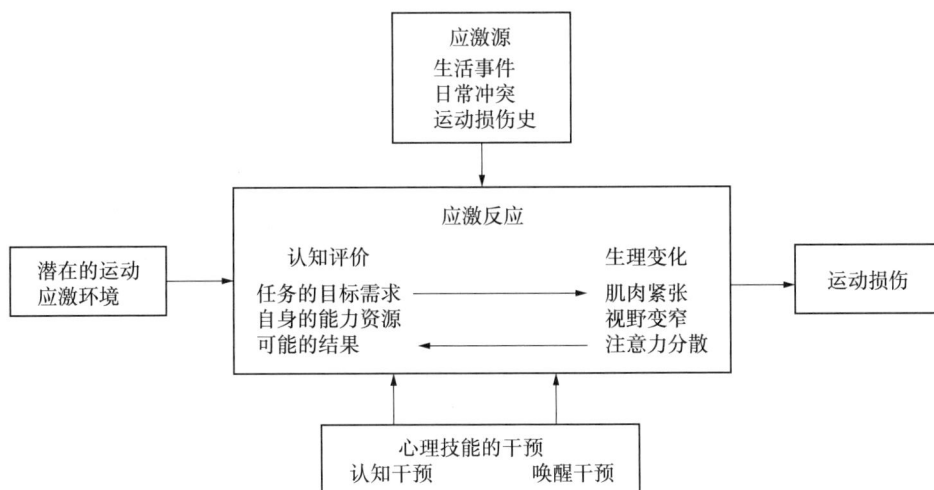

图 15-1 应激—运动损伤模型

(引自 Williams & Andersen,1998)

二、Astrid Junge 的交互理论模型

针对 Adersen 和 Williams(1988)应激—运动损伤模型的不足,Astrid Junge(2000)在总结最新研究的基础上,修改了 Adersen 和 Williams 的应激—损伤模型,也提出了一个交互理论模型(图 15-2)。他认为一个运动员是否发生损伤,是由运动员对所处环境的应激反应决定的,影响因素包括以下几个方面:心理社会应激(特别是生活事件)、应对资源以及情绪的状态,并且认为这些心理因素之间不是孤立地发生作用,而是发生交互作用共同影响运动损伤的发生。

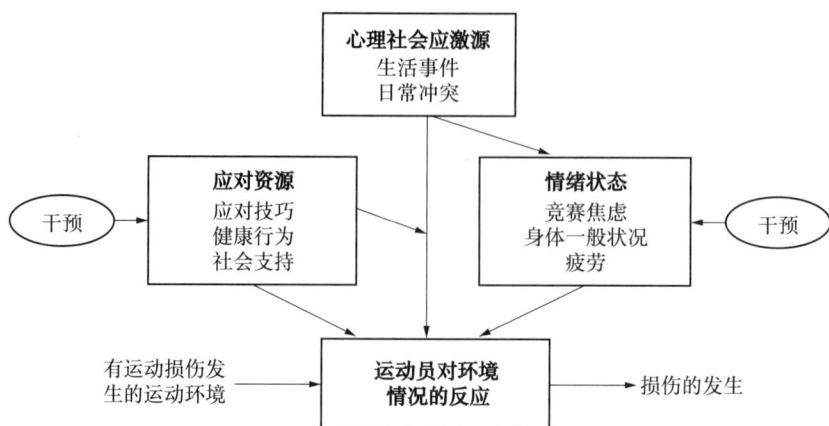

图 15-2　运动损伤的交互理论模型

（引自 Astrid Junge, 2000）

其实, Astrid Junge 运动损伤的交互理论模型也存在一些不足之处, 如去掉了具有研究争议的人格因素, 所提出的干预仅仅是针对应对资源以及情绪的状态, 而忽略了对运动员应激反应这个关键因素的干预。心理应激是否会导致运动员的受伤, 取决于运动员处理自己面临的危险局面的能力与环境的要求及其产生的后果之间的平衡关系; 如果环境导致一种想象中的失衡(威胁), 运动员的肌肉将会紧张, 注意力也变得不正常的狭窄, 容易造成损伤的发生, 此对应激反应的干预应该作为预防运动损伤的重点之一, 采用提高运动成绩和阻止应激反应强度的唤醒控制技能和认知干预。

第三步　认识运动损伤的心理反应及影响作用

Weiss 和 Troxel (1986)认为, 运动员的损伤来源于心理的反应。这种心理反应遵循 Selye 制订的典型应激反应模式。正像观察到的那样, 运动损伤能给人带来强大的心理压力, 需要运动员去适应一种失去活动自由的心理压力。损伤后运动员的心理反应有两个方面:认知反应和情绪反应。

一、运动损伤的认知反应

运动员受伤后在认知方面的反应是与运动员本人对运动损伤有关信息的分析, 对疼痛的了解以及运动损伤原因与结果的评估紧密相关的。研究者们已确认受伤运动员会经历以下认知方面的反应(Bianco & Malo, 1999; Udry & Gould, 1997)。

(一)感知身体疼痛

通常运动员受伤后首先体验的是身体方面的疼痛。根据 Udry 等统计, 有 24% 的受伤运动员报告他们受伤后的第一反应就是疼痛感。一些运动员还将疼痛描述为奇异的感受, 而且痛感很强。这主要是因为疼痛被广泛认为是运动损伤的一部分。

(二)察觉与损伤有关的不正常反应

虽然意识到受伤是伤后认知上主要反应之一,而且在多数情况下运动员往往能够觉察到有关的异常现象尤其是体验到疼痛,但大多数运动员并不了解受伤的状况和程度,特别是那些受伤严重的运动员更是如此。这对医务人员来说是至关重要的。因为缺乏对受伤程度的认知和了解,可能会导致伤者对运动损伤的反应延缓,进而耽误治疗时间。

(三)询问与损伤有关的问题

运动员在受伤后往往会询问与损伤状况有关的问题。根据 Udry(1997)的研究发现,运动员会询问为什么运动损伤会发生,以及应该如何避免损伤的发生。例如,有些运动员表示他们的受伤可能是赛前准备活动不充分,也有运动员甚至对他们能否完全康复及重返赛场持有疑问。

(四)认识到受伤的不良结果

对一些运动员来讲,认识到运动损伤的近期(短期)不良结果,例如损失训练时间、失去比赛机会等是他们伤后的主要认知反应。然而也有运动员十分关注运动损伤所带来的长期影响。研究者也发现受伤运动员对伤后缺失赛季、希望的破灭、孤单感、运动能力的下降、医疗结果的不确定性以及经济责任等方面表示出一系列的担忧。

(五)曲解损伤的含义

由于伤者往往会寻求理解损伤的含义,因此,运动损伤会导致一些伤者在认知上对损伤意义曲解的加重。尤其是当损伤伴随着持续的情绪上的压抑时更是如此。专家们已确认以下对损伤的认知曲解:灾难性——夸大运动损伤的严重性;过于泛化——错误地扩大运动损伤对运动能力和日常生活的可能影响;个人化——将损伤的责任强加于自己,或者将自己与损伤联系一起;选择性抽象化——将注意力集中在无意义的细节上;绝对(两极)化思维——将复杂的体验简单化。

二、运动损伤的情绪反应

运动员对损伤的认知反应通常由一系列情绪反应所伴随。近年来,随着情绪与行为之间密切关系的明朗化,人们对研究运动损伤的情绪反应的兴趣日益增强。基于大家对运动损伤所可能引起的消极情绪影响的担忧,研究者们已开始探讨在运动损伤发生和康复治疗过程中的情绪反应。研究的结果表明:严重的运动损伤导致伤者产生强烈的情绪波动和相应行为的变化,其中包括挫败性的恼怒、恐慌、害怕、担心、心烦意乱、压抑、失望、孤独、分离、震惊、不相信和否认。而且,运动员不会因他们的运动能力、身体素质状况而免受情绪干扰的影响。

Weiss 和 Troxel(1986)认为,在损伤期间能给运动员带来一些自我怀疑的负面影响。例如,在下场比赛之前我是否能恢复过来、我的将来会怎样、是否还能打主力等一些心理压力,由此而引起的肌肉紧张性的血压和心率上升,导致体力和心理的反应加快。运动损伤能够引起运动员连锁性的、经验性的心理反应，具有非常大的负面影响，是值得关注和研究的课题之一。

运动员经过情感反应、焦虑压力和生气等短期的心理反应后，可能有两种现象：一种是运动员开始接受自己已经受伤的事实，并能根据自己的实际情况制订今后的生活和工作计划。另一种是运动员不能以一种积极的态度面对损伤，从而遭受一系列的问题，如失眠、无食欲、机能降低等一些生理现象。总之，运动损伤给运动员带来了强大的心理压力，不管是短期的还是长期的，都要求教练员经常与运动员、运动心理学家联系，研究和解决运动员的不良心理反应。

单元二 学习如何使用心理学知识减少运动损伤

第一步 学习运动损伤的定义和分类

一、运动损伤的定义

全国体育学院通用教材《运动医学》中对运动损伤的解释为：是指在体育运动过程中所发生的各种损伤，它的发生与运动训练安排、运动项目与技术动作、运动训练水平、运动环境与条件等因素有关。

二、运动损伤的分类

（一）按损伤组织结构分类

按损伤组织结构把运动损伤分为皮肤损伤，肌肉、肌腱损伤，关节软骨损伤，骨及骨骺损伤，滑囊损伤，神经损伤，血管损伤，内脏器官损伤等。

（二）按损伤后皮肤、黏膜是否完整分类

按损伤后皮肤、黏膜是否完整把运动损伤分为：开放性损伤——伤后皮肤或黏膜的完整性遭到破坏，受伤组织有裂口与体表相通，如擦伤、刺伤、切伤、撕裂伤及开放性骨折等。闭合性损伤——伤后皮肤或黏膜仍保持完整，受伤组织无裂口与体表相通，如挫伤、关节韧带扭伤、肌肉拉伤、闭合性骨折等。

（三）按损伤后运动能力的丧失程度分类

轻度伤——受伤后身体机能有所下降但仍可以进行体育活动和训练。中度伤——受伤后

需要进行门诊医务治疗，短时间内不能进行正常的体育活动或停止减少所伤部位的活动，时间一般为一周之内。重度伤——受伤后需要长时间进行住院治疗，完全丧失从事体育运动能力，时间一般为一周以上。

(四)按损伤的病程分类

急性损伤——直接或间接外力一次作用而引起的突发性损伤，常是因为训练和比赛中某一动作所导致的突然受伤，伤后症状迅速出现，病程一般较短。慢性损伤——由于局部运动负荷量安排不当，长时间的超负荷训练超出了组织所承受的能力而引起的细微伤积累形成的损伤，一般病程较长。急性伤转慢性伤——急性损伤后，没有及时接受治疗，或因处理不当，在伤病未愈的情况下，继续参与体育运动，以致多次损伤积累转为慢性损伤。

第二步　掌握心理学方法减少运动损伤

一、增加自信心，促进动作的完成

自信心训练(Self-confidence Training)在运动领域受到教练员与运动员的高度重视。运动员自信心是指运动员在体育运动情境中对自我运动能力的评价及对当前任务的评价进行比较的基础上所产生的一种主观体验。可以通过讲座、日常辅导，反复教育来增强运动员的自信心。运动员要想提高自信心，最重要的是关注可控因素，忽略不可控因素。建议运动员在比赛期间要将注意指向如何发挥良好的技术动作以及如何合理分配体能等，忽略对手的表现、他人评价、场外干扰等无法控制的事情上，以保持和提高自信心；建议教练员在平时训练时，要增加对队员的积极反馈，比赛前应以积极反馈为主；每日一句鼓励的话语来激励自己，运用一些充满正能量的句子会对运动员的自信心、自控能力、自强起到一定的助长作用。

二、通过运动表象训练，树立最佳运动表现的信念

表象训练(Imagery Training)是在暗示语的指导下，在头脑中反复想象某种运动动作或运动情境，从而提高运动员的技能与情绪控制能力的过程。表象训练在运动领域运用较为普遍。通过指导运动员进行表象训练，使运动员建立与巩固正确动作的动力定型，加快动作的熟练和加深动作记忆；运动员在比赛前对成功动作的表象体验将起到动员作用，可使运动员充满信心，达到最佳的竞技状态。表象练习一般从放松练习开始，如先放松3分钟，再经过"活化"动员，便可以开始表象训练。如田径运动员在暗示语的指导下，头脑中反复想象跑步时蹬地、摆腿、送髋等动作的情境；跳远时可想象自己助跑和腾跃的成套动作，投篮时可以想象自己手与球、抛物线、发力的连贯动作与感觉等，建立正确动作的动力定型。

三、运用积极自我谈话策略

积极思维是建立在自我内心对话可以对人的行为产生影响这一机制上的，积极的自我谈话，

可以帮助学生或运动员形成积极的思维模式。有以下策略：

①请在学习或训练日记中罗列出经常运用的自我提示语言。

②找出这些自我提示语中的消极成分。

③利用积极提示语替换消极提示语（表 15-1）。

④每天训练前默念积极提示语一次，以形成积极语言暗示的习惯。

表 15-1　消极提示语和积极提示语的比较

消极提示语	转换	积极提示语
别紧张	换为	镇静、果断
千万别失误	换为	果断
别想输赢	换为	注意调节呼吸

四、学会集中注意力，减少运动损伤的发生

注意力集中训练（Attention Training）是让运动员学会全神贯注于一个确定目标，不受任何外来影响和内心杂念干扰，始终把心理活动指向和集中于当前任务完成上的训练。感知觉、记忆、思维活动等都离不开注意力的集中。重大赛事中，只有保持注意力高度集中，运动员的速度与力量才能发挥出来。有些项目还需要运动员保持长时间的注意稳定性，如射击、击剑等。集中注意力训练的方法有很多，可以教运动员在比赛中运用一些简短、明确、有力的暗示语来提醒自己；可以做表象动作的练习，或者大叫一声，让自己中断杂乱的思绪；还可以借助音乐或者与他人聊天的方式来排除干扰等。其目的在于排除来自外界和自身的各种干扰，减少心理能量的消耗，保持清晰的思路与稳定的状态。

五、利用放松训练，降低应激水平，减少运动损伤

放松练习后，全身各部位肌肉放松、中枢神经系统处于适宜的兴奋状态，注意力高度集中，是许多心理调整练习的基础。此时，人的受暗示性极强，对言语及其相应形象特别敏感，容易产生符合言语按时内容的行为意向。总的来说，放松练习的作用主要有以下几个方面，第一，降低中枢神经系统的兴奋度；第二，降低由情绪紧张而产生的过多能量消耗的恢复；第三，为进行其他心理技能训练打下基础。对学生进行放松训练，目的是让学生缓解紧张情绪，降低心理压力，提高肌肉的感知觉能力。此外，放松训练还有助于运动员消除疲劳，加速恢复过程，增强自我调节控制情绪的能力，培养运动员集中注意的能力，为表象训练创造一个适宜的心理状态。

六、设置合理的目标

目标设置训练（Goal Setting Training）是根据有效推动行为的原则设置合理目标的过程。目标设置可分为长期目标、短期目标、具体目标、模糊目标；根据目标定向可分为任务定向目标以及自我定向目标等。目标定向理论（Duda，1993）提出任务定向目标是最佳的目标。在实际训练过程中，教练员应尽量营造一种高任务定向的气氛，有利于运动员良好个性的培养与发展。同

时,在重大赛事中,建议运动员将注意力集中于自己的运动表现而不是比赛结果,以免产生过度焦虑与肌肉紧张,从而更好地投入比赛之中。

(一)制订既具有挑战性又有可实现性的目标

目标需要有适当的难度和挑战性,过高或过低都不利于运动员比赛的发挥,轻而易举能实现的目标对运动员成绩提高的意义不大;但是如果目标的难度过大同样会导致挫败感的产生和自信心的降低;运动员在训练以及比赛中树立合理的目标有助于增强自信心,有助于激发运动员动机,避免焦虑的产生,使其不断进步。

(二)制订明确可以测量的目标

明确的、可以测量的目标对运动员的行为改变如掌握某一组动作(成功率达到百分之几)比我尽力等类似笼统的目标更加有效。

(三)短期目标和长期目标相结合设置

为沿着既定的方向努力并实现预期目标,我们需要设置短期目标和长期目标,并使两者紧密结合。短期目标和长期目标的关系如同台阶与楼梯,短期目标是一阶一阶的楼梯,长期目标是一段楼梯的顶端,每上一个台阶就是实现一个短期目标并向长期目标迈进一步,是一个连续递进的关系。

【理论拓展】

如何运用心理技能辅助运动伤病的康复

(1)态度和观点。保持积极的心态和运用您的拼搏精神帮助您康复。

(2)设置目标。重要的是您不仅想要康复,而且还要计划怎样去康复。长期的目标当然是明确的,而真正有用的还是现实及日常中的短期目标。与队医(医务人员)一起制订针对您康复的长期和短期目标,使您更清楚治疗的进度,将有助于您在遇到困难时保持振奋精神。

(3)积极的自我谈话。您不能改变自己已经受伤的事实,但您可以调整您对受伤和康复问题的思维活动。用积极的态度对您自己和其他人谈及关于您康复的情况,这并不意味着您否认存在的困难,而只是代表您能主动地去克服这些困难。消极的态度、自责及自卑的思想将会使您产生苦恼而妨碍创伤的康复。每天都要对自己的康复情况进行积极与鼓励性的谈话。

(4)视觉化练习。要进行伤病康复的积极想象和完全康复情景的视觉化练习。在您进行治疗期间,要想象您身体的受伤部位已正在增强和恢复。这种练习已经被证明有助于运动员从伤病中更快地恢复。

(5)支持。您要把自己的情况告诉那些能够给予您支持的人,例如您的家人、朋友、队友、心理老师以及您的教练等。研究证明,那些有家人和朋友支持的伤病者,他们的烦恼少而且康复得比较快。

引自:理查德·考克斯.运动心理学[M].张力为,等,译.北京:清华大学出版社,2003.

以往对运动损伤的研究大多是从生理、医学、训练等方面的角度进行分析探讨,随着对事物认识的不断深入,我们认识到运动损伤不仅仅是医学、训练学所关注的问题,也是心理学所关注的问题。

学生认识到运动损伤的发生是生理因素和心理因素共同作用的结果。学生通过讨论和学习,掌握影响运动损伤发生的心理因素。引起运动损伤的心理因素有训练或比赛时情绪低落、训练或比赛时兴奋性过高、注意力不集中、自我保护意识差、应激、动机、人格、心理准备等。

运用心理学的方法减少运动损伤:增加自信心,促进动作的完成;通过运动表象训练,树立最佳运动表现的信念;运用积极自我谈话策略;学会集中注意力,减少运动损伤的发生;利用放松训练,减少应激水平;设置合理的目标。

思考题 —— 1.在平常的体育运动实践中,哪些人容易发生运动损伤?

2.你最近有出现过运动损伤吗? 是什么原因造成的? 结合本章内容,简要总结在体育运动实践过程中运动损伤发生的心理因素及如何减少其发生?

参考文献

[1] Adam R. Nicholls, Leigh Jones. Psychology in sports coaching[M].London, New York: Routledge, 2013.

[2] Astrid Junge. The Influence of Psychological factors on Sports Injuries: Review of the Literature. American Orthopedic Society for Sports Medicine[J]. 2000,28（5）:s10-s15.

[3] Biddle S J H, Hill A B. Relationships between attributions and emotion in a laboratory-based sporting contest [J]. Journal of Sports Sciences,1992,10（1）:65-75.

[4] Britton W B. Developmental Differences in psychological Aspects of Sport-Injury Rehabilitation. Journal of Athletic Training[J]. 2003,38（2）: 152-153.

[5] 毕淑敏. 谁是你的重要他人 [M]. 北京:中国物资出版社,2009.

[6] 蔡小珑. 探讨体育能力差异对学习情绪的影响 [J]. 教育与职业,2006（18）:130-131.

[7] 陈爱国,颜军. 几种运动损伤的应激理论模型评述 [J]. 成都体育学院学报,2005,31（6）: 59-62.

[8] 陈家麟. 学校心理教育 [M]. 北京:教育科学出版社,1995.

[9] 陈坚,姒刚彦.《运动任务定向和自我定向问卷》与《学业中任务定向和自我定向问卷》的初步体验 [J]. 湖北体育科技,1998,3（3）:44-48.

[10] 陈为为,汪晓赞,季浏. 体育运动领域对影响归因的前因要素的综述研究 [J]. 山西师大体育学院学报,2008（4）:115-117.

[11] 陈雁飞. 新中国体育教师队伍建设与发展之路 [M]. 北京:北京体育大学出版社,2009.

[12] 程禹. 运动员运动损伤的心理致因及其心理康复疗法 [J]. 吉林体育学院学报,2006,22（1）: 95-96.

[13] Carol S. Dweck. Motivational Processes Affecting Learning[J]. American Psychologist,1986,41（10）: 1040-1048.

[14] Cheung F M, Leung K, Zhang, J.X. et al. Indigenous Chinese personality constructs. Journal of Cross-Cultural Psychology[J].2001,29: 402-417.

[15] Christopher T, Stanley, Jamie E Robbins. The Relevance of Sport and Exercise Psychology in Undergraduate Course Curriculum[J].Teaching of Psychology, 2015,42（2）:163-168.

[16] 戴清华,薛天庆. 表象训练法预防网球运动损伤的探讨 [J]. 潍坊教育学院学报,2009,22（1）: 50-51.

[17] 戴群,吉承恕,李宗浩. 人格特征对棒球运动员运动损伤的影响 [J] 天津体育学院学报, 2005,20（2）:11-13.

[18] 邓荣华,颜军,李宁川,等.关于运动损伤应付模式与效果估价的思考 [J].体育与科学,2000, 21（9）：29-31.

[19] 邓星华,谭华.新编体育教学论 [M].上海：华东师范大学出版社,2008.

[20] 樊莲香.我国优秀艺术体操运动员早衰与运动损伤 [J].体育与科学,2002（1）：105-106.

[21] Daniel Gould, Linda M. Petlichkoff, Bill Prentice, et al. 运动损伤的心理学 [J].体育科学,2000, 20（6）：86-89.

[22] Dempsey J M, Kimiecik J C, Horn T S. Parental Influence on Children's Moderate to Vigorous Physical Activity:an exoetancy-value approach[J]. Pediatric Exercise Science,1993（3）：151-167.

[23] Dosil, Joaquin. The Sport Psychologist's handbook: A Guide for Sport-Specific Performance Enhancement[M]. Hoboken: John Wiley, 2006.

[24] Edwin A. Locke, Gary P. Latham. Building a Practically Useful Theory of Goal Setting and Task Motivation[J].American Psychologist, 2002,57（9）:705-717.

[25] 付东.大学生体育态度与体质健康的调查研究及相关性分析 [J].北京体育大学学报,2014, 37（6）：76-80.

[26] 傅建.运动兴趣的研究取向 [J].体育与科学,2015,36（6）:97-100.

[27] Feltz, D. L. & Landers, D.M. The effect of mental practice on motor skill learning and performance: A meta-analysis[J]. Journal of sport psychology,1983（5）:25-57.

[28] Fredricks J A, Eccles J S. Family socialization, gender, and sport motivation and involvement[J]. Journal of Sport and Exercise Psychlogy,2005（27）:3-31.

[29] 高玉祥.个性心理学 [M].北京：北京师范大学出版社,1989.

[30] 郭婧.例证学生的重要他人的积极与消极影响 [J].开封教育学院学报,2010,30（3）:76-78.

[31] 郭娜.影响高校大学生运动员比赛成败归因的因素特征及训练 [D].长春：吉林大学,2013.

[32] Grant, Anthony M. An integrated model of goal-focused coaching: an evidence-based framework for teaching and practice [J].International Coaching Psychology Review. 2012,7（2）: 146-165.

[33] Gordon, S., & Milios, D., Grove, J.R. Psychological aspects of the recovery process from sport injury: the perspective of sport physiotherapists[J]. Australian Journal of Science and Medicine in Sport, 1991,23（2）:53-60.

[34] Guasch, Teresa, Alvarez, Ibis, Espasa, Anna. University teacher competencies in a virtual teaching/learning environment: Analysis of a teacher training experience[J]. Teaching and Teacher Education,2010,26（2）: 199-206.

[35] 黄希庭,张力为,毛志雄.运动心理学 [M].上海：华东师范大学出版社,2003.

[36] ISMAIL H N. Competency Based Teacher Education（CBTE）: A Training Module for Improving Knowledge Competencies for Resource Room Teachers in Jordan [J].European Journal of Social Sciences,2009,10（2）:166-178.

[37] Liukkonen, Jarmo. Psychology for Physical Educators: Student in Focus[M]. Champaign, Windsor: Human Kinetics Publishers, Human Kinetics Publishers（Distributor）,2007.

[38] 季浏,殷恒婵,颜军. 体育心理学 [M]. 上海:华东师范大学出版社,2003.

[39] 季浏,张力为,姚家新. 体育运动心理学导论 [M]. 北京:北京体育大学出版社,2007.

[40] 季浏. 体育课程与教学论 [M]. 杭州:浙江教育出版社,1995.

[41] 季浏. 体育心理学 [M]. 北京:高等教育出版社,2006.

[42] 季浏. 体育与健康教学研究与案例 [M]. 北京:高等教育出版社,2007.

[43] 季浏. 体育与健康——课程与教学论 [M]. 杭州:浙江教育出版社,2003.

[44] Jiadong Zhang. Developing Competency Model to Promote Tutor's Ability and Qualities in China. Creative Education[J]. 2014, 5:1000-1007.

[45] 李京诚. 锻炼心理学 [M]. 北京:高等教育出版社,2009.

[46] 李良桃,李欣,李改,等. 中小学体育教师工作绩效评价研究综述 [J]. 湖北体育科技,2012(2): 245-249.

[47] 李梁,鲍志宏,季浏. 大学生体育学习动机与激发的探讨 [J]. 体育与科学,2004(3):73-76.

[48] 李孟军. 关于大学生体育态度特点的研究 [J]. 四川体育科学,2004,11(3):34-38.

[49] 李微. 体育心理学 [M]. 桂林:广西师范大学出版社,2005.

[50] 李欣. 中小学体育教师胜任特征模型的构建与检验 [D]. 武汉:华中师范大学,2012.

[51] 李英武,李凤英,张雪红. 中小学教师胜任特征的结构维度 [J]. 首都师范大学学报:社会科学版,2005(4):115-118.

[52] 刘改成,王斌,罗小兵,等. 体育学习中的习得性无助及其归因训练程序 [J]. 西安体育学院学报,2004(4):102-104.

[53] 刘佳. 父母及教练的运动目标定向对青少年运动员运动动机的影响 [D]. 武汉:武汉体育学院,2014.

[54] 刘萍,王振宏. 大学生体育态度与心理健康的关系 [J]. 中国学校卫生,2003,24(6):635-636.

[55] 刘淑慧,体育心理学 [M]. 北京:高等教育出版社,2005.

[56] 刘玮,程公. 从心理学角度论述体育团队 [J]. 大众研究,2009(2):11.

[57] 刘一民,孙庆祝,等. 我国大学生体育态度和体育行为的调查研究 [J]. 中国体育科技,2001,37(1):31-32.

[58] 刘运洲,张忠秋. 竞赛中的 Choking 现象分析 [J]. 上海体育学院学报,2009,33(5):77-82.

[59] 陆遵义,李伟民. 体育教材与学生运动倾向关系论 [J]. 体育科学,2001,21(5):8-10.

[60] 罗湘林,张洪斌,马妍. 运动归因训练的心理效应(综述)[J]. 体育与科学,1999(3):32-36.

[61] 罗湘林. 运动归因训练效果的跨情境性研究 [J]. 北京体育大学学报,2007(10):1434-1435.

[62] Luc G. Pelletier & Michelle S. Fortier. Towad a New Measure of Intrinsic Motivation, Extrinsic Motivation, and Amotivation in Sports: The Sport Motivation Scale(SMS)[J].Journal of Sport & Exercise Psycholog,1995(17):35-53.

[63] 马丽丽. 重要他人对目标追求的影响研究 [D]. 武汉:华中师范大学,2009.

[64] 马启伟,张力为. 体育运动心理学 [M]. 杭州:浙江教育出版社,2003.

[65] 马启伟. 体育心理学 [M]. 北京:高等教育出版社,1996.

[66] 马艳华.专家型教师的内涵及其进阶路径 [J].中国教育,2008（12）:7-9.

[67] 毛振明,陈海波.体育教学方法理论与研究案例 [M].北京:人民体育出版社,2006.

[68] 毛振明,赖天德.论如何关注和提高学生的运动兴趣 [J].中国学校体育,2007（12）:22-24.

[69] 毛志雄,王则珊.北京城区中老年人身体锻炼与心理健康的关系:情绪维度的研究 [J].北京体育大学学报,1996（19）(增刊):5-10.

[70] 阿瑟·S.雷伯.心理学词典 [M].李伯黍,等,译.上海:上海译文出版社,1996.

[71] Mahoney M J, Gabriel T J, Perkins T S, et al. Psychological skills and exceptional athletic performance[J]. Sport Psychologist, 1987:181-199.

[72] McClelland D C. Testing for competence rather than for intelligence. American Psychologist[J].1973, 28（1）: 1-14.

[73] McCrae R R, Costa P T. Personality trait structure as a human universal [J]. American Psychologist, 1997, 52: 509-516.

[74] Netz Y, Wu M J, Becker B J, et al. Physical activity and psychological well-being in advanced age: A meta-analysis of intervention studies[J]. Psychology and Aging, 2005, 20（2）: 272-284.

[75] 潘春梅.从英语语音看重要他人评价与英语自我概念的关系 [J].基础英语教育,2007,9（3）: 24-33.

[76] 彭聃龄.普通心理学 [M].北京:北京师范大学出版社,2004.

[77] 皮连生.学与教的心理学 [M].2 版.上海:华东师范大学出版社,1997.

[78] 漆昌柱,徐培.运动动机研究的新方向:目标定向理论 [J].湖北体育科技,2001,20（2）: 45-47.

[79] 邱宜均.运动员个性特征研究的几个问题 [J].体育科学,1986（2）:68-72.

[80] 邱勇,朱瑜.运动友谊质量与青少年体育行为和社会认知的研究 [J].西南师范大学学报, 2007,32（1）:136-139.

[81] 松井三雄.体育心理学 [M].杨宗义,译.北京:人民体育出版社,1985.

[82] 任未多.体育活动与运动锻炼的心理效应研究综述 [J].体育科学,1997（2）:75-81.

[83] Richard H. Cox.运动心理学 [M].张力为,张禹,牛曼漪,等,译.北京:清华大学出版社,2002.

[84] Robert J. Kirkby, 季浏.心理社会因素与运动损伤(综述)[J].天津体育学院学报,1995,10（1）: 28-34.

[85] Rouse W B, Morris N M. On Looking into the Black Box: Prospects and Limits in the Search for Mental Models[J]. Psychological Bulletin, 1985, 100（3）:82.

[86] 邵伟德.体育教育心理学 [M].北京:北京体育大学出版社,2004.

[87] 时勘.基于胜任特征模型的人力资源开发 [J].心理科学进展,2006（4）:586-595.

[88] Schroll M. Physical activity ageing population[J]. Scandinavian Journal of Medicine & Science in Sports, 2003, 13（1）: 63-690.

[89] Smith R E, Schutz R W, Smoll F L, et al. Development and validation of a multidimensional measure of sport-specific psychological skills: The Athletic Coping Skills Inventory-28.[J]. Journal of Sport &

Exercise Psychology, 1995, 17（4）:379-398.

[90] Stein G L, Raedeke T D, Glenn S D. Children's perceptions of parent sport involvement: It's not how much, but to what degree that's important[J]. Journal of Sport Behavior, 1999, 22（4）:591.

[91] Stephen D. Mellalieu, Sheldon Hanton. Advances in Applied Sport Psychology: A review[M]. London, New York: Routledge, 2009:75-76.

[92] 谭先明,陈小敏,王春阳.运动员心理应激及其中介因素的研究[J].中国临床康复,2002,6（13）:1966-1967.

[93] 谭勇华.大学生运动效能感与归因方式的关系研究[D].长沙:湖南师范大学,2012.

[94] 唐彬.重要他人研究述评[J].江苏教育学院学报,2010,9（26）:22-25.

[95] Thelma S. Horn.运动心理学前沿[M].彭凯平,刘钰,倪士光,等,译.北京:北京体育大学出版社,2011.

[96] Thomas P R, Murphy S M, et al. Test of performances strategies: development and preliminary validation of a comprehensive measure of athletes' psychological skills[J]. Journal of Sports Sciences, 1999, 17（9）:697-711.

[97] 王爱丹,董晓春.大学生体育动机、态度与高校体育改革[J].北京体育大学学报,2002,15（4）:45-49.

[98] 王斌,马红宇,侯斌.归因训练的研究设计与理论检验[J].武汉体育学院学报,2002（6）:59-62.

[99] 王斌,马红宇.归因训练研究的理论综述[J].体育科学,2000（3）:79-82.

[100] 王斌,马红宇.体育组织行为学——体育组织高绩效管理的理论与技术[M].武汉:华中师范大学出版社,2010.

[101] 王斌,王健,马红宇.《体育心理学》课程体系与教材内容改革探讨[J].体育学刊,2000（2）:48-52.

[102] 王斌.运动心理学[M].杭州:浙江大学出版社,2014.

[103] 王斌.体育心理学[M].2版.武汉:华中师范大学出版社,2015.

[104] 王斌.体育心理学[M].武汉:华中师范大学出版社,2011.

[105] 王光炎.转变体育意识——体育终身化的关键[J].北京体育大学学报,2005（5）:91-97.

[106] 王建峰,王凌飞,等.大学生内隐、外显成就动机对主观幸福感的影响[J].中国健康心理学,2010,18（6）:700-702.

[107] 王景亮.对女大学生体育态度及体育行为的调查研究[J].四川体育科学,2000,13（6）:25-29.

[108] 王鹏.中学生比赛失利后心理调适三步曲[EB/OL].http://www.teacherclub.com.cn/tresearch/s/1839445480cid00049 2008-04-21.

[109] 王树明,祝蓓里.运动中的效能期望、归因和情感反应的相关研究[J].心理科学,1996（6）:336-339.

[110] 王涛."讲一、练二、考三"自主学习法对学生不同体育能力影响的实验研究[J].山东体育

科技.2014,36（6）:112-116.

[111] 王文忠,林杰,何应凯.我国理工科大学生体育态度与行为的现状[J].体育学刊,2004,12
（3）:111-115.

[112] 王玉成.探析学生体育自我效能感的影响因素[J].新课程研究(中旬刊),2009(12):145-
146.

[113] 王玉珠.试论运动兴趣是实施终身体育的关键基础[J].山东体育科技,1994(2):84-85.

[114] 魏晓燕.中小学体育效能研究[D].北京:北京体育大学,2009.

[115] 吴淦栋.中小学体育效能研究[J].体育教育,2015(24):103-104.

[116] 吴璋.造成运动损伤的心理和社会因素分析[J].体育科学研究,2001,5(4).

[117] Wankel. L.M. The Importance of Enjoyment to Adhere and Psychological Benefits from Physical
Activity[J]. International Jounal of sport psychology,1993,(24):151-169.

[118] Weinberg R S, Gould D. Foundations of sport and exercise psychology[M].4th edn. Champaign, Illi-
nois: Human Kinetics, 2007.

[119] 项明强.促进青少年体育锻炼和健康幸福的路径:基于自我决定理论模型构建[J].体育科
学,2013,8(33):21-27.

[120] 谢龙,赵东平,严进洪.青少年体育锻炼态度与行为的关系性研究[J].天津体育学院学报,
2009,24(1):72-74.

[121] 谢晓非,周俊哲,王丽.风险情境中不同成就动机者的冒险行为特征[J].心理学报,2004,36
（6）:744-749.

[122] 徐建平.教师胜任力模型与测评研究[D].北京:北京师范大学,2004.

[123] 徐金尧.大学生体育运动兴趣的产生与发展初探[J].浙江师大学报:自然科学版,1992,15
（3）:88-91.

[124] 许茹萍.教师发展中的重要他人[D].无锡:江南大学,2014.

[125] 许欣.父母—儿童运动参与的知信行关系[D].北京:北京体育大学,2013.

[126] 严建爱,张丽萍.运用心理学理论指导教师队伍建设的探索[J].广西教育学院学报,2015
（S1）13-15.

[127] 颜军,蔡先锋.90年代以来我国体育心理学基本理论的发展[J].体育与科学,2003(4):
15-18.

[128] 颜军,陈作松.对体育心理学课程教法改革的思考[J].体育学刊,2001(2):55-56.

[129] 颜军.体育教学心理学[M].香港:神州出版社,1993:6.

[130] 颜军.体育教育专业体育心理学教材建设的思考[J].体育与科学,2004(4):72-74.

[131] 颜军.体育心理论稿[M].南京:河海大学出版社,2001.

[132] 燕良轼,颜志雄,邹霞.儿童习得性无助的成因、机制及其缓解[J].学前教育研究,2014(5):
57-60.

[133] 杨剑,王韶君,季浏,等.中学生运动友谊质量—体育锻炼行为与心理健康关系模型构建[J].
沈阳体育学院学报,2013,32(4):10-13.

[134] 杨秀君. 目标设置理论研究综述 [J]. 心理科学, 2004, 27（1）: 153-155.

[135] 于晶, 崔野. 体育运动中目标设置理论研究述评 [J]. 体育学刊, 2005, 12（4）: 46-49.

[136] 于长隆, 任玉衡, 田得祥, 等. 对我国优秀冰球运动员运动创伤特点的分析 [J]. 中国运动医学, 2000, 20（1）: 71-72.

[137] 俞国良, 董妍. 我国心理健康研究的现状、热点与发展趋势 [J]. 教育研究, 2012（6）: 97-102.

[138] 俞国良. 论教师心理健康及其促进 [J]. 北京师范大学学报, 2001（1）: 20-27.

[139] 运动损伤问题的心理学研究述评 [J]. 心理科学进展, 2006, 14（5）: 781-786.

[140] 张春兴. 张氏心理学辞典 [M]. 上海: 上海辞书出版社, 1991.

[141] 张建新, 张妙清, 梁觉. 大六人格因素的临床价值——中国人人格测量表（CPAI）、大五人格问卷（NEOPI）与 MMPI-2 临床量表的关系模式. 中国心理卫生协会第四届学术大会论文汇编 [C]. 2003.

[142] 张建新, 周明洁. 中国人人格结构探索——人格特质六因素假说 [J]. 心理科学进展, 2006, 14（4）: 574-585.

[143] 张力为, 胡亮. 运动心理学: 追求卓越与保持健康 [J]. 中国科学院院刊, 2012（S1）: 141-155.

[144] 张力为, 毛志雄. 体育科学常用心理量表评定手册 [M]. 北京: 北京体育大学出版社, 2010.

[145] 张力为, 毛志雄. 运动心理学 [M]. 上海: 华东师范大学出版社, 2003.

[146] 张力为, 马群. 在汹涌的客场风潮中. 中国运动员奥运夺冠经典案例心理分析 [M]. 北京: 北京体育大学出版社, 2008.

[147] 张青. 青少年套路运动员心理技能训练对情绪状态的影响研究——一项个案研究 [J]. 贵州体育科技, 2015（8）: 722-724.

[148] 张素霞. 大学生体育态度和体育行为的因果关系 [J]. 体育学刊, 2003, 10（3）: 50-51.

[149] 赵红. 大学生体育态度现状及其影响因素的研究 [J]. 广州体育学院学报, 2006, 26（3）: 120-122.

[150] 赵俊荣. "知、情、意"等因素在高师学生终身体育态度形成中的意义 [J]. 北京体育大学学报, 2004, 27（12）: 1673-1674.

[151] 周广强, 教师专业能力培养与训练 [M]. 北京: 首都师范大学出版社, 2010.

[152] 周静, 周宇. 教师专业技能——走向专家型教师之路 [M]. 北京: 高等教育出版社, 2010.

[153] 朱瑜, 郭立亚, 陈颇, 许翀. 同伴关系与青少年运动动机、行为投入的模型构建 [J]. 天津体育学院学报, 2010, 25（3）: 218-223.

[154] 祝蓓里. 体育心理学 [M]. 北京: 高等教育出版社, 2000.

[155] 祝蓓里. 体育心理学新编 [M]. 上海: 华东师范大学出版社, 1995: 11.

[156] 祝大鹏. 高校体育教师胜任特征模型建构 [J]. 体育学刊, 2010（11）: 63-67.

[157] 庄燕菲. 图说运动心理 [M]. 杭州: 浙江工商大学出版社, 2012.